LOCUS

LOCUS

LOCUS

LOCUS

Smile, please

smile 178
人生 4 千個禮拜：
時間不是用來掌控的，直面「生命的有限」，打造游刃有餘的時間運用觀
作者：奧利佛．柏克曼（Oliver Burkeman）
譯者：許恬寧
責任編輯：潘乃慧
封面設計：朱疋
校對：聞若婷
出版者：大塊文化出版股份有限公司
105022 松山區南京東路四段 25 號 11 樓
www.locuspublishing.com
讀者服務專線：0800-006689
TEL：(02)87123898　FAX：(02)87123897
郵撥帳號：18955675　戶名：大塊文化出版股份有限公司
法律顧問：董安丹律師、顧慕堯律師

總經銷：大和書報圖書股份有限公司
地址：新北市新莊區五工五路 2 號
TEL：(02) 89902588　FAX：(02) 22901658
初版一刷：2022 年 2 月
初版七刷：2023 年 5 月

定價：新台幣 360 元
Printed in Taiwan

人生4千個禮拜

FOUR THOUSAND WEEKS

OLIVER BURKEMAN

奧利佛・柏克曼___著

許恬寧___譯

本書獻給海瑟（Heather）與羅恩（Rowan）

「來到人世」是我們會心生感謝的最後一件事，不是嗎？你知道的，這一切不一定會發生。凡事沒定論，但就是發生了。

——哲學家道格拉斯・哈丁（Douglas Harding）

你會無法忍受，原因出在誤以為能夠解決。

——禪師夏洛特・淨香・貝克（Charlotte Joko Beck）

目次

若我們總是為了未來而活，那我們真的活過嗎？

導讀／朱家安

二〇〇七年的一個下午，幾個朋友和我癱在宜蘭白米社區某家餐廳的扶手椅上，喝著早餐剩下的紅茶。下午時段餐廳沒營業，陽光斜斜穿過窗子，照亮長桌邊邊的一小角和地上的紙箱，沒有人說話。紙箱裡七零八落躺著膠膜封口的紅茶和吸管、彩色筆和膠帶。當時是某個營隊活動的第二天或第三天，身為主辦團隊，我們在各種有的沒的事情當中難得找到空檔耍廢。

這十幾分鐘的紅茶時光應該不是我們在營隊期間最有建設性的一段時間（應該啦），但卻是我十幾年後最記得的一段。當我邊吐魂邊把完稿交出，或者工作結束後在高鐵上呆滯，往往會想起並懷念那個下午。身為靠寫作和演講維生的自由工作者，要把自己搞得像當時那樣疲倦很容易，但要像當時那樣能享受空檔，卻似乎很困難。

是什麼改變了呢？

對現代人來說，忙碌好像是很好的事。我們從會說話以來就開始擔心自己將來無法把時間換成錢，對於一些人來說，出社會之後你忙碌，代表你成功把很多時間換成錢，出社會之前你忙碌，代表你正在為上面那件事進行充足的準備。總之，讓關心你的人知道你「很忙」，比起讓他們認為你「整天沒事做」更能帶來寬慰和安心，知道你有在做些「正事」。

不過，我們是為了做這些正事來到這世界嗎？特別是，包括加班在內，一天得做十個小時以上的正事？當然，所有東西都要代價，人類不可能耍廢度日（除非人類的數量遠小於現況，以至於光靠熱帶地區豐富的水果就能養活我們，到時候我們需要擔心的就只有要把吊床綁在哪裡才能曬到太陽又不會太熱）。我們總得做些事情，來讓食物工具娛樂用品等等東西長出來。

然而考慮到知識、科技和生產效率不斷增加，照理來說，我們用於工作的時間應該會不斷減少，因為我們可能只要過去的一半時間和資源，就能造出一樣多的好東西，不是嗎？還真的不是，現代人的工作時間一直都沒有和科技進展等比例縮短的跡象，而且剛好相反的是：科技增加了人的工作能力，能把工作帶著走，這反而讓現代人需要做更多的工作，讓現代人的上司有更多管道可以要求和監控現代人工作。一九三二年，哲學家羅素發表了著名的文章〈賦閒禮讚〉(In Praise of Idleness)，主張在合理的世界裡，人應該一天只需要工作四個小時。然而在二〇二一年，就算發現有人不管是在辦公室、在通勤還是在度假，都得一邊工作，你一點也不會意外。

現代生活如何讓我們變得不會生活

人活著是為了什麼？為了十餘年可能悠閒的退休時光，先辛苦工作四十年，這是划算的選擇嗎？在《人生4千個禮拜》裡，作家奧利佛．柏克曼挑戰這些理當至關重要，卻受到現代社會排擠的問題。他正確地指出，這些現象不只是社會環境對我們享受生活造成阻礙而已，這些阻礙也讓我們成為更不懂得享受生活的人。社會成功教會我們時間的寶貴和虛度光陰的愚蠢，但這並不是為了讓我們活在當下、享受現在，而是讓我們更願意用現在去換未來：拿童年玩樂的時間去換取好的高中，拿高中探索興趣的時間去換好的大學，拿大學純粹享受知識的時間去換更有前景的技術訓練和執照。我們當然可以這樣過活，但這樣過活的問題在於未來永遠不會到來，而你永遠無法享受現在。

資本主義的合理性，來自它能有效率地引導資源和人力，去開發和生產大家最想要的東西。照理來說，實施資本主義會增加人類整體福祉。若你現在沒感受到這事情的發生，有可能是因為資本主義也增加了其他東西。在《哲學能做什麼？》裡，美國聖母大學的哲學家蓋瑞．葛汀（Gary Gutting）指出資本主義有兩個不太對勁的特色。首先，資本主義底下的競爭並不會因為令人滿意的產品充足供應就停止，畢竟好還有更好，便宜還有更便宜，特別是這攸關公司存亡的時候。再來，資本主義也催生了各種「贏法」，例如藉由操弄大眾的偏好：如果讓你喜歡上我生產的東西，遠比生產你本來喜歡的東西更便宜，那為什麼不裁撤開發部門，把錢拿去做廣告呢？

到了這個關頭，當一個公司成功，這背後的原因已經不見得跟「開發和生產大家最想要的東西」有關了。資本主義活出了自己的生命，你要嘛扮演顧客，花錢滿足資本主義替你製造的欲望，要嘛扮演勞工，花時間讓上述事情成真，在兩種情況下，我們都不算是為自己而活。

現代社會影響我們想要些什麼，也影響我們想要自己是怎樣的人。在《成功的反思》裡，哈佛大學的哲學家桑德爾（Michael Sandel）指出，當社會讓我們有方便的標籤來反映自己的努力和天賦，我們就容易把這些標籤當成自己自我認同和生命成就的一部分，去追逐學歷、收入和社會地位，好像這些東西本質上就有不可取代的價值似的。

人類改變世界來讓自己過得更舒服，然而，我們用來改變世界的手段，最終也會改變我們自己。資本主義理想上能很有效率地滿足我們的欲望，不過當資本主義把效率用於操弄我們的欲望，這恐怕跟我們原來設想的不太一樣。用天賦和努力來分配資源聽起來很合理，但是當這些機制同時代言了人的價值，這就是另一回事了。這些問題重要，因為它們都關乎我們會成為怎樣的人、會想要怎樣過活。

時間管理的悖論

在這本書裡，作者柏克曼以「我們該如何度過有限的時間？」出發，談的是同樣全面的問題：身為現代人，如果你沒工作你就慘了，但如果你有工作，一定會面臨一個問題：時間不夠用。手上的工作做不完、真正想做的事情永遠輪不到自己去做，這是許多現代人的焦慮，這種焦慮養活了一整個「時間管理」、「自我專案管理」產業，包括一堆暢銷書和各種課程、諮詢服務。

這些書籍和課程能讓我們更有效率地使用時間嗎？或許吧，不過柏克曼指出，就算如此，這也完全走錯方向，因為現代社會有種特性，讓你的時間不可能夠用：假設勞工自我培力之後，能以一半的時間完成過去的工作，接下來會發生什麼事情呢？在大部分的人力市場裡，這些老實的勞工就會被要求完成雙倍的工作。你增加的績效會被不有效的獎賞機制忽視，或是因為所有人都努力增加了績效而被抵銷。績效的增加當然為公司帶來了獲利，但你要有足夠的議價能力，才能讓這些獲利反映在自己的待遇上。

在很多時候，當一個人的能力增加，只代表他接下來得做更多事情，柏克曼舉的例子包括：洗衣機和吸塵器等清潔工具的發明，並沒有讓家庭主婦在清潔方面更省事，因為隨著清潔環境的成本下降，社會對於環境應該要有多乾淨的標準也隨之提高。另一個書中案例是 email 和各種文書軟體，這些工具的通行增加了上班族的工作能力和效率，然而，要是你是老闆，你發現員工現在能在一定時間內做更多事，你會讓他們提早下班，還是叫他們做更多事呢？擋在我們和好日子之間的東西，是一個時間管理的悖論：當你愈會管理時間，你就需要愈多時間去做更多事。

我們擔心時間不夠，但提升運用時間的能力顯然不是好的解決方案。那我們到底該怎麼辦？特別是，當我們一面擔心，一面用當下的時間兌現未來的時間，我們什麼時候才會擁有真正屬於自己的時間呢？你覺得自己應該做完的事情，真的都是你有理由做的事情嗎？還是說，只是社會壓力和規則讓你有這種錯覺？

這些討論不只讓我們重新理解自己為何工作，也讓我們重新理解何謂耍廢。近年中國年輕人興起「躺平」運動：在克盡對家庭和社會的義務的情況下，停止努力打拚，接受最低生活水準來過日子。一般認為「躺平」是在對抗財富嚴重不均、沒有流動希望的社會，但若你用柏克曼提供的眼鏡重新觀看，或許會發現：要把握當下，你得先躺下。

（《哲學哲學雞蛋糕》作者）

前言　長期而言，我們都死了

廣義的時間管理，理應是每個人關切的重要事項，可以說人生其實就是一場時間管理。

人類的平均壽命短到離譜，少到嚇人，小器到不給面子。比一比你就懂我為什麼這麼說：第一個現代人類出現在至少二十萬年前的非洲平原，而科學家推測，生命未來將以某種形式再延續十五億年以上，直到日益增強的太陽熱度奪走最後一個有機體的性命。而你呢？假設你活到八十歲好了，那麼你大約有四千個星期可活。

當然，你可能很幸運，活到了九十歲，那麼你大約有四千七百個禮拜。你也可能和珍妮．卡爾芒（Jeanne Calment）一樣**超級**幸運。這位法國女性一九九七年過世時，據說享嵩壽一百二十二歲，成為有史以來最長壽的人士。[1] 卡爾芒記得自己見過梵谷，她主要的印象是這位十九世紀的繪畫大師酒氣沖天。此外，第一個成功複製的哺乳類動物桃莉羊在一九九六年誕生時，卡爾芒也得以成為見證人。生物學家預測，與卡爾芒相去不遠的壽命，很快就會成為常態。[2]然而，即便高壽如卡爾芒，她依舊只在世間待了大約六千四百個星期。

以這樣的驚人對比來談壽命，就知道為什麼從古希臘哲人到今日的哲學家，向來把人生苦短視為人類存在的基本問題：上天讓我們的心智有辦法制定幾乎是無遠弗屆的遠大計畫，但實際上根本沒時間付諸行動。羅馬哲學家塞內卡（Seneca）在後世將標題定為《論生命之短暫》（*On the Shortness of Life*）的書信中，感慨道：「這段交到我們手中的時間匆匆流逝。除了極少數的例外，大部分的人終於感到準備好要開始活的時候，已經到了結束的時刻。」[3]我第一次算出四千禮拜這個數字時，腦中一陣暈眩，但一回過神就開始騷擾朋友，要他們猜一般人可以活多久，而且不能做任何心算，要不假思索直接猜。有一位朋友的答案是六位數，而我感到有必要向她指出，即便是相當保守的六位數字，例如三十一萬個星期，大約已經等同從美索不達米亞的古蘇美人以來，**所有人類文明**存在的時間。當代哲學家湯瑪斯．內格爾（Thomas Nagel）曾經寫道，幾乎以任何有意義的時間尺度來看，「我們所有人隨時會向生命道別。」[4]

從這樣的角度來看，廣義的時間管理，理應是每個人關切的重要事項，可以說人生其實就是一場時間管理。然而，如同時間管理更時髦的兄弟「生產力」，現代所謂「時間管理學」的定義十分狹隘，主要談如何日理萬機，擬定完美的晨間流程，或是在週日煮一堆東西，一次搞定一整個星期的晚餐。這些事無疑在一定程度上有其重要性，但不是人生的全部。這個世界處處充滿驚喜，卻很少有生產力大師認為，我們瘋狂地**做**一大堆事，最終的目的是體驗到更多人生的喜悅。這個世界似乎正在加速衝向災難，我們的文明生活已經進入瘋狂階段，疫情癱瘓了社會，地球這顆行星愈來愈炎熱，但如果你想找到一套時間管理系統協助你和同胞齊心協力，有效解決目前的事件或環境的命運，那就祝你好運了。你可能會以為，至少會有幾本講生產力的書，認真看待人生短暫的嚴肅事實，而不是假裝可以忽略這件事，但是你猜錯了。

因此，本書試圖找回平衡，看看我們能否發現或重拾某種思考時間的方式，好好解決自己面對的真實情境：我們擁有的四千禮拜的壽命短到令人髮指，但仍然充滿光明燦爛的可能性。

輸送帶人生

當然，從某方面來講，今日已經不需要有人提醒時間不夠用。我們的心思全放在爆滿的電子信箱與冗長的待辦事項，心懷罪惡感，老覺得應該再多完成一點事情。我們和愚公一樣努力移山，而且移的不只一座（你怎麼知道人們感到很忙？這種事就和你如何知道某個人吃素一樣：別擔心，他們會告訴你）。民調一再顯示，我們感到前所未有的時間壓力；[5]然而在二〇一三年，荷蘭學術團隊所做的研究，[6]提出令人啼笑皆非的可能性：這類說我們很忙的民調，可能還低估了這場忙碌流行病的傳染規模，因為極度忙碌的人士過分焦頭爛額，沒空接受民調。隨著近日零工經濟成長，忙碌被重新定義成「複業」（hustle）——無止境的工作不再是必須忍耐再忍耐的重擔，而是令人振奮的生活方式選項，值得在社群媒體上炫耀一番。然而事實上，複業其實是極致的新瓶裝舊酒：壓力逼得我們把永遠在膨脹的活動量，塞進每天再怎麼努力也不會多出一分一秒的二十四小時。

然而，哀號很忙只不過是開端。停下來想一想，就會發現其他五花八門的抱怨，其實也是在抱怨時間有限。我們每天都得抗拒網路上令人分心的事物，驚覺能維持專注力的時間大幅縮短，即便是從小就愛看書的我們，如今才讀了一段文字，就忍不住想伸手拿手機。這種現象令人憂心忡忡的根本原因在於，這代表我們未能善用原本就不多的光陰供應（如果晨間時光的供應是無限的，浪費一個早上滑臉書，就不會讓人那麼想掐死自己）。另一種可能是，你遇上的問題不是過分忙碌而是不夠充實，在無聊的工作裡日益倦怠，或是想就業也找不到工作。相較於人生苦短，工作不順遂更令人沮喪，因為你正在以不想要的方式，**消耗**自己有限的時間。這年頭最糟糕的發展，甚至也能間接以我們時間有限這個基本事實來解釋。舉例來說，在YouTube影片的煽風點火下，出現了極度分裂的政黨支持者與激進的恐怖分子。起因是我們的時間與注意力相當有限，也因此很寶貴，[7]社群媒體公司有動機使出渾身解數，不擇手段吸引我們的注意力。那就是為什麼社群媒體要讓用戶觀看保證會群情激憤的內容，而不是無聊的正確事實。

此外，人類有一堆永不過時的煩惱，例如：挑選結婚對象、要不要生小孩、要追求哪一條職業道路。如果我們可以活個幾千年，**那種事**令人苦惱的程度就會大幅降低，因為時間很充裕，你可以花個數十年，把每一種可能性都嘗試看看。再者，我們的時間煩惱目錄，不能不加上一個令人警覺的現象：三十歲以上的人都熟悉那種感覺，年紀愈大，時間流逝的速度似乎就愈快，而且是穩定加速中。依據七、八十歲人士的說法，幾個月感覺簡直只有幾分鐘而已。很難想像比這更殘酷的命運安排：我們的四千個禮拜不只是持續減少，而是剩得愈少，時間消逝的速度感覺就愈快。

如果說我們跟手中有限的時間，關係向來緊張，近日發生的事件更是帶我們來到關鍵時刻。新冠肺炎疫情在二〇二〇年讓我們面臨封城，日常事務被打斷。許多人談到時間完全被打亂，感到不知所措。日子不知怎麼地好像一下子飛逝，但也永遠過不完。時間以前所未有的方式，讓每個人身處不同的世界：有工作、家中又有幼兒的人，時間根本不夠用；休無薪假或無業的人士則時間太多。此外，大家開始在不固定的時間工作，在家窩在發光筆電前，脫離白天與夜晚的循環，或是冒著生命危險，在醫院與快遞貨倉待命。感覺上，未來好像被按下了暫停鍵，許多人困在精神科醫師所說的「新型的永恆當下」，[8]處在焦慮的混沌狀態，不停查看社群媒體，中間穿插一下 Zoom 視訊與失眠，無法制定任何有意義的計畫，甚至無法明確描繪出下星期結束後的生活。

對許多人來講，一切的一切讓**不善於**管理有限的時間，變得特別令人沮喪。我們努力讓時間發揮最大效益，但除了沒成功不說，甚至一再雪上加霜。最近幾年，我們被活出百分之百全效生活的建議給淹沒，市面上的書籍鼓勵我們做到《極度生產力》(*Extreme Productivity*，譯註：中譯本書名為《時間，愈用愈有價值》)，《一週只需要工作四小時》

（*The 4-Hour Workweek*，中譯本書名為《一週工作4小時》），還要《更聰明、更快、更好》（*Smarter Faster Better*，中譯本書名為《為什麼這樣工作會快、準、好》）。五花八門的網站要我們化身為「生活駭客」，好讓完成日常事務的時間能少個幾秒鐘（「生活駭客」一詞本身就是古怪的建議，彷彿你的人生頂多稱得上某種老是出錯的裝置，需要加以調整，不再處於未達最佳運轉的狀態）。各式各樣的 app 與穿戴式裝置，再加上 Soylent 等代餐飲料，讓你不必浪費時間吃正餐，協助你工作時獲得最大的工作報酬，運動時獲得最大的運動報酬，就連睡覺都能發揮最大的益處。其他成千上萬種產品與服務，主要的賣點也是協助你達成被廣為稱讚的目標：從你的時間中擠出最大效益。

問題不在於這些技巧與產品沒用。它們確實有用。你可以完成更多事，趕去開更多會，送孩子去更多課後活動，替你的雇主賺更多錢。然而矛盾的是，成功後，我們得到的只有感到更忙碌、更焦慮，某方面來講還更空虛。美國人類學家愛德華．霍爾（Edward T. Hall）[9]談到現代世界的時間，感覺就像是永遠不會停下的輸送帶，我們一送出完成的工作，就會冒出新工作。所謂變得「更有生產力」，似乎只會加快輸送帶的運轉速度，動作不快點就完了：全面感到深沉的倦怠是今日的常態現象，特徵是無力完成基本的日常事務，年輕成人的受害程度尤其深。套用千禧社會評論家麥爾坎．哈里斯

(Malcolm Harris) 的話來講：「這個世代的人是被精密打造的工具。從還在媽媽肚子裡，就被塑造成一流的精實生產機器。」[10]他們身上籠罩著無力的疲憊感。

時間有一個面向令人抓狂，但大部分的管理建議似乎都沒注意到這一點。時間有如不受控的幼兒：你愈想控制，要時間照你說的話去做，它就愈是從你手中逃脫。想一想所有意圖協助我們戰勝時間的科技：按照任何合理的邏輯來看，在一個有洗碗機、微波爐與噴射引擎的世界，我們省下了無數小時，理應感到時間變得**更充裕**、游刃有餘才對，但這不是任何人的實際感受。生活的步調變快，每個人愈來愈沒耐性。不曉得為什麼，在微波爐前等個兩分鐘，比用烤箱烤東西兩小時更煩人。花十秒鐘等網頁龜速下載，令人跳腳的程度，也超過花三天等待相同的內容以紙本形式寄達。

我們增加工作生產力的努力，很多也同樣弄巧成拙。幾年前，我因為被電子郵件淹沒，成功安裝一個叫「清空收件匣」(Inbox Zero) 的系統，但很快就發現，我回信變得超有效率之後，只會冒出數量更龐大的電子郵件。暴增的郵件搞得我感到更忙碌，因此我買了時間管理大師大衛·艾倫(David Allen)的《搞定！》(*Getting Things Done*)一書。艾倫在書中提出的保證很吸引我：「就算你的待辦事項多到令人喘不過氣，你依舊可以頭腦清醒，生產力十足」，[11]並維持「武術家所謂『心靜如水』的狀態」。[12]然而，我未能體會艾倫更深層的暗示：你永遠會有太多事情要處理。我著手試著完成不可能的工作量。事實上，我迅速完成待辦事項的能力還真的增強了，但結果是更多工作神奇地冒出來（這其實不是魔法，只是簡單的心理學外加資本主義。後文會再談到）。

前人完全沒料到未來會是這種面貌。經濟學家凱因斯（John Maynard Keynes）在一九三〇年的「我們孫輩的經濟可能性」（Economic Possibilities for Our Grandchildren）那場演講提出著名的預言：由於富裕程度增加，科技進步，在一世紀內，再也沒人需要一星期工作十五小時以上。未來的挑戰將是如何充實我們所有新到手的空檔，卻不至於閒到發瘋。「自有人類以來，史上第一次，」凱因斯告訴聽眾：「人們將面對一個真正、永恆的問題：不再有迫切的經濟壓力之後，該如何利用這份自由。」[13]然而，凱因斯預言失準，民眾賺到足夠的錢滿足需求後，只會找到新的需求，渴望新的生活方式；人們不曾趕上隔壁令人羨慕的鄰居，因為眼看即將追上時，又找到過得更好、想要模仿的新對象。於是乎，每個人汲汲營營，追名逐利，忙碌很快就成為身分地位的象徵。但這一聽就是荒謬透頂的事，因為幾乎在整個人類史上，有錢的重點，就是**不必**再被工作追著跑。此外，富人的忙碌會傳染，因為對於金字塔頂端的人，極度有效的賺錢方法，就是改善公司與產業的效率，削減成本。這對下層民眾來說，生活益發沒保障，被迫更努力地工作，但也僅能糊口而已。

完成錯誤的事

現在我們要看事情的核心，進入更深層、更難以用言語表達的感受：儘管每天從早忙到晚，就連生活相對富裕的人，也很少感到自己在做有意義的事。我們感到時間理應花在能帶來滿足感的重要事務，即便那些事到底是什麼，我們也說不出具體答案。反正重點是日子一天天過去，但我們把時間都拿來做其他事情。我們對於意義的渴望以各種形式冒出來，例如我們渴望投身崇高的目標，直覺感受到自己身處史上這個特殊的時刻，世上有那麼多苦難需要你挺身而出，不能只是整天吃喝玩樂。然而，我們的沮喪也來自為了謀生，白天必須工作，才能換得一丁點寶貴的零碎時間，做自己喜歡的事。此外，你很想利用活在世上的短暫時間，多和孩子相處，接近大自然，或者至少不要把時間浪費在通勤上。環保人士與心靈作家查爾斯・艾森斯坦（Charles Eisenstein）成長於一九七〇年代物質不虞匱乏的美國。他回憶兒時第一次感到我們使用時間的方法，有著基本的「錯誤」：

就我所知，生活理應比這更快樂、更真實、更有意義，這個世界應該要更美麗才對。我們不該痛恨星期一，每天期待著週末與假日快點來臨。我們不該舉手才能去尿尿，也不該在晴朗的日子裡被關在屋內，日復一日。[14]

此外，我們嘗試提振生產力的結果，只是加重了這種錯誤感。我們的努力似乎帶來反效果，把真正重要的事愈推愈遠。我們每天試著「解決」要做的事，好讓它們「不再擋路」，最後把心思放在未來，等著終於有一天能去做真正重要的事，而在那個「有一天」出現之前，我們擔心自己不夠好、衝勁不夠、精力不足，跟不上今日令人眼花撩亂、高速的生活步調。散文家瑪莉蓮・羅賓遜（Marilynne Robinson）寫道：「我們的時代精神是無趣的庸庸碌碌。」[15]她觀察到許多人的人生，就是「讓我們自己和小孩做好準備，成為工具，為了虛無飄渺的目標而努力，但是到頭來什麼都不是我們的」。我們努力跟上每一件事，我們的努力或許最終符合**某個人**的利益；我們的工時更長，把增加的收入拿去買更多消費性產品，就此成為經濟機器中更理想的齒輪。然而，汲汲營營無法帶來平靜的心靈，也無法讓我們挪出更多的有限時間，用在自己最在乎的人事物上。

本書的確又是一本談善用時間的書，但宗旨是我們所知的時間管理大慘敗，我們需要停止假裝那些方法有用。在史上這個迷茫時刻，時間令人感到極度不安，但危機就是轉機，我們可以在這個絕佳的時間點，重新思考我們與時間的關係。過往的先聖先賢面臨過相同的挑戰，若把他們當年的智慧應用在今日，某些事實將更加明擺在眼前。生產力是一個陷阱。增加效率只會使你忙得更不可開交。試圖清理桌面，只會讓堆積如山的工作，以更快的速度再次出現。在人類歷史上，不論「工作與生活平衡」究竟是什麼意思，不曾有人做到。你也絕不可能靠著模仿「成功人士在早上七點前完成的六件事」就辦到。事事盡在掌控的那一天永遠不會來臨。電子郵件洪水被擋下；待辦清單不再變長；所有工作上該做的事、家庭生活的責任，你都辦到了；沒人氣你趕不上最後期限或搞砸事情；你成為百分之百的一流高效人士，終於可以活出真正的人生——這一切只是傳說。我們要踏出的第一步，就是承認我們辦不到：這一切的一切永遠不會發生。

但你知道嗎？這其實是**天大的好消息**。

第 1 部

選擇去選擇

1 接受人生有限

每小時、每星期、每一年，就像是這條輸送帶傳送的紙箱。如果要感到妥善利用了時間，那麼紙箱經過面前時，我們必須裝滿它們。

我們真正碰上的問題，不在於人生在世、時間有限。真正的問題，或者我希望讓各位明白的是，我們無意間承襲了一套有問題的**想法**，壓力十足，感到必須按照那種講法來利用有限的時間，但幾乎只會讓事情雪上加霜。如果要瞭解我們是如何陷入今日的窘境，找出如何才能逃脫，與時間建立更理想的關係，我們必須倒轉時鐘，回到時鐘尚未問世的年代。

整體而言，你絕對應該慶幸自己不是英格蘭中世紀早期的農奴，因為首先你能活到成年的機率將大減；而且就算沒有早夭，前方的人生大概只能用奴隸生活來形容。你必須拚死拚活地耕田，待在領主恩准你居住的地方，交換條件是你必須交出辛苦勞動後絕大多數的農作物，或是你從那塊地獲得的收入。教堂也會定期要求你捐獻，而你因為害怕在地獄裡永世不得超生，不得不從命。天黑時，你回到一共就一間房的小屋裡，全家擠在一起（家人和你一樣很少洗澡刷牙）。跟你們擠在一起的，還有你家的豬啊雞啊。你晚上把牲畜與家禽帶進屋內，因為那個年代的森林裡，還有四處遊蕩的棕熊和野狼，天黑後待在戶外的一切動物都是牠們的美食。常伴你左右的還有疾病，包括絕不陌生的麻疹、流行性感冒、鼠疫，以及聖安東尼之火（St. Anthony's fire）；那是一種發霉穀物引發的食物中毒，患者會神經錯亂，感到皮膚起火燃燒，被看不見的牙齒啃噬著。[1]

時間表問世前的時間

不過，你幾乎絕對不會碰上的問題，就是時間的問題。即便在你最累的一天，你八成不會想到自己「有太多事要做」，動作得快一點。你也不會想到生活的腳步太匆忙，更別提什麼工作與生活失衡。同樣地，在清閒一點的日子，你也永遠不會感到無聊。此外，儘管死亡的陰影永遠揮之不去，英年早逝的比例遠高過今日，時間並未令人感到是有限的供應。你不會感到有壓力，需要想辦法「節省」時間，也不會因為浪費時間而有罪惡感：如果你打完穀後，午後休息一下，到村裡的公共草地看鬥雞，不會覺得是在「工作時間」偷懶。這一切不是因為從前的步調比較慢，也不是因為中世紀農奴比較悠閒、聽天由命。就目前的研究來看，原因其實是中世紀的人們壓根兒沒感到時間是抽象的實體——沒把它當成一種**東西**。

如果你感到這句話令人一頭霧水，那是因為我們現代思考時間的方式深植人心，我們甚至忘記那是一種思考方式；我們就像寓言故事裡的魚，不知道什麼是水，因為平日完全被水包圍。然而，要是拉開一點心理距離，就會發現我們的觀點相當奇特。我們想像時間是某種獨立於我們、獨立於周遭世界的東西。套用美國文化批評家孟福德（Lewis Mumford）的話來講，時間是「一種能以數學計算順序的獨立世界」。[2] 要瞭解孟福德在說什麼，先想一想幾個與時間有關的問題，例如：你要如何規畫明天下午？你過去一年完成了什麼？你在不完全自覺的情況下，腦中大概首先會浮現日曆、刻度、捲尺、鐘面上的數字等畫面，或是某種比較朦朧的抽象時間軸。接下來，你會把這個想像中的測量工具當成準繩，開始計算並判斷你實際的生活，在腦中把要做的事放進這條時間軸。剛才提到人類學家霍爾把時間描繪成我們必須不斷應付的輸送帶，他其實也是在講同樣的事。每小時、每星期、每一年，就像是這條輸送帶傳送的紙箱。如果要感到妥善利用了時間，那麼紙箱經過面前時，我們必須裝滿它們。有太多事情要做，無法輕鬆塞進紙箱時，我們感到心情不佳、忙碌不堪；事情太少則覺得無聊。如果跟上不斷經過眼前的紙箱速度，我們會慶幸「一切在掌握之中」，沒浪費人生；萬一讓太多紙箱沒裝東西就過去，我們則感到浪費了紙箱。要是把標著「工作時間」的紙箱用在休閒用途上，我們的雇主更是會跳腳（他們可是替這些紙箱付了錢；這些紙箱屬於他們！）。

中世紀的農夫根本沒有理由採納如此莫名其妙的時間概念。勞動者日出而作，日落而息，一天的長短要看季節，沒必要把時間想成某種和生活脫鉤的抽象事物：母牛需要擠奶時，你擠奶。收穫的季節到了，你採收作物。任何人要是試圖強加外在的時間表，例如一天就擠完一個月的牛奶，一次解決擠奶這件工作，或是試圖揠苗助長，早點收成，絕對會被當成瘋子。此外，你也不會心急如焚地想要「做完每一件事」，因為農人的工作永無止境：永遠會有下一次要擠的奶、下一次要收成的莊稼，生生不息，沒必要急著抵達某個預設的完成時刻。歷史學家稱這種生活方式為「工作導向」（task orientation），因為生活的節奏是有機的，工作本身自有規律，而不是安排在某條抽象的時間軸上，那種作法已經成為我們現代人的第二天性（我們很容易把中世紀想成步調慢吞吞的生活，但準確來講，對中世紀大多數人來說，所謂的「生活步調慢」，實在是一種不具意義的概念。跟什麼來比算慢？）。在沒有時鐘的年代，如果要解釋某件事需要花多長的時間，唯一的選擇就是拿具體的活動來比較。比如說，中世紀的人們會講，某件事花了「求主垂憐的時間」（Miserere whyle），[3]意思是念完聖經詩篇第五十篇〈求主垂憐〉大概需要的時間；你也可以說「尿完一泡尿的時間」，這種算法就不需要我解釋了。

你可以想像這樣的生活方式帶來亙古的體驗，甚至可說是充滿了魔力。儘管農奴過著貧病交迫的人生，他們感受到周遭世界帶有令人敬畏的光明面，不會煩惱時間「一點一滴流逝」，而是強烈意識到萬事鮮活的一面，感受到永恆。現代的方濟會神父羅爾（Richard Rohr）稱之為「活在深層的時間裡」（living in deep time）。[4]黃昏時，中世紀居民可以感覺林中除了有大熊與野狼出沒，還有精靈在低語；他們犁田時，可以感受到自己是歷史洪流中的一滴小水珠，多代之前的祖先仍活在他們心中，幾乎就像他們的子女還活生生地存在著。我們能有一定的信心指出前人就是這樣生活，因為我們今日依舊會偶遇活在深層時間的孤島。套用作家蓋瑞．艾伯勒（Gary Eberle）的話來講，在那樣的時刻，我們掉進「一個萬事俱足的世界，不必試圖填補心中或世上的空虛」。[5]隔開我們與現實世界的界限模糊起來，時間彷彿凝結了。「當然，時鐘並未停下。」[6]艾伯勒寫道：「但我們不會聽見滴答的聲響。」

有的人在禱告、冥想或是置身於壯麗景色時，也會進入這種狀態；還有，我相當確定我還在學走路的兒子，整個嬰兒期都處於這種狀態，現在才開始脫離（我們強迫嬰兒接受時間表之前，他們是徹頭徹尾的「工作導向」生物。這一點加上睡眠剝奪，可以解釋新生兒在出生頭幾個月經歷的與世隔絕：不論喜不喜歡，你從時鐘時間被拖入了深層時間）。瑞士心理學家榮格（Carl Jung）曾於一九二五年造訪肯亞，在破曉的第一束光升起時徒步旅行，他也突然掉進沒有時間的世界：

> 我們站在這片遼闊草原的一座低矮山丘上，壯闊景象在眼前展開。地平線的最邊緣處是數量驚人的獸群。瞪羚、羚羊、牛羚、斑馬、疣豬，牠們一邊低頭吃草，一邊像慢速的河流緩緩向前流動。四周悄然無聲，偶爾有幾聲猛禽的哀鳴劃破寧靜。這是永恆開端的平和狀態，世界向來如此，處於非存在（non-being）的狀態……我走開，遠離同伴，直到他們消失在視線裡，然後好好品嚐完全一個人的獨處滋味。[7]

永恆的終結

不過，很少去思考抽象的時間概念，有一個重大的壞處，那就是你能完成的事嚴重受限。你可以當個小農，按四季的更迭安排行程，但除了當個小農（或嬰兒），其他的事你辦不太到。一旦你需要協調的不只是一、兩個人的行動，你必須以眾人都同意的可靠方式來計算時間。世上的第一台機械鐘，咸信就是因爲這個理由被發明出來的，而發明人是中世紀的修士。修士天還沒亮就開始早禱，因此需要有辦法讓全修道院的人在規定的時刻醒來（最早的策略包括指派一名修士徹夜保持清醒，觀察星象，但這個方法只適用於萬里無雲的夜晚，外加值班的修士沒有不小心睡著）。以這樣的方式讓時間標準化之後，時間變得一目瞭然，人們不免開始把時間想成抽象事物，獨立存在，獨立於我們花時間從事的特定活動之外；「時間」是隨著鐘面上的指針移動、滴答消失的東西。蒸汽機一般被視為工業革命的起點；但如同孟福德在一九三四年的巨著《技術與文明》（*Technics and Civilization*）談到，要是少了時鐘，工業革命大概也不會發生。到了一七〇〇年代晚期，鄉間的農人湧進英格蘭的城市，在製造廠與工廠找工作。每間廠房都需要協調數百名人力，讓工人在固定時間工作，並且不斷輪班，好讓機器持續運轉。

以抽象的方式思考時間後，自然會開始把時間視為一種**資源**，如同煤鐵或其他原料一樣可以買賣，盡量以有效的方式運用。從前的勞工能領多少報酬，算法是定義模糊的「一天的工作量」，或按件計酬：每堆好一捆乾草、殺好一隻豬，可以領多少錢。然而漸漸地，更常見的工資計算方式是看時數。工廠老闆如果有效運用工人的工時，盡可能從每名雇員身上榨出最多的勞力，獲利將高過沒這麼做的雇主。一些脾氣不佳的實業家，於是開始感到工人要是沒拚命幹活，等於幹下了偷竊的勾當。「各式各樣的下流胚子從我身上訛錢。」[8]英格蘭德罕郡的鋼鐵大王寇勞利（Ambrose Crowley），在一七九〇年代的備忘錄上，寫下忿忿不平的抱怨。寇勞利宣布扣工錢的新政策：以後誰要是把時間花在「抽菸、唱歌、念新聞、吵架、爭論，做任何與本人的事業無關的事，〔或是〕以任何方式偷懶」，全都不能算進工時。從寇勞利的角度來看，懶散的雇工是小偷，違規拿走時間輸送帶上的紙箱。

如同孟福德有時暗示的那樣，你不必相信今日跟時間有關的所有問題，時鐘都是唯一的罪魁禍首（我也絕不會主張回歸中世紀農奴的生活方式）。然而，我們已經踏入另一個世界。在時鐘發明以前，時間只是讓生活開展的媒介，時間組成了生活。時鐘發明之後，一旦「時間」與「生活」在多數人心中變成分開的兩件事，時間就變成你**利用**的

東西。此一轉變，構成所有現代特有的做事方法的先決條件，時間令今日的我們感到煩惱。時間變成可利用的資源後，你開始感覺有壓力，外力與你心中的聲音都在叫你善用時間。你感到浪費時間時，斥責自己。你面對過多的要求時，很容易以為唯一的答案，就是**以更好的方式利用**時間，解決辦法是增加效率，更大力地鞭策自己，或是花更多的時間工作，彷彿你是一台工業革命時代的機器，而不去問那些要求本身是否合理。一心二用成為誘人的選項。同樣的時間長度，改成一次做兩件事。德國哲學家尼采率先注意到這個現象：「人們用手上的錶來思考。」尼采在一八八七年的隨筆中抱怨：「他們甚至一邊吃午餐，一邊閱讀最新的股市消息。」[9]此外，你更直覺地把對於人生的看法套進假想的未來。你因此感到焦慮，不知道會不會得償所願。很快地，你感到自我價值完全建立在你如何運用時間：時間不再只是你悠游其中的水，而是一種如果你不想要感覺罪惡、驚慌或被壓垮，就必須加以主導或操控的東西。前幾天抵達我書桌的一本書，書名精彩地總結了這一切：《掌控時間，你就掌控了生活》(*Master Your Time, Master Your Life*)。[10]

這種看待時間的態度有個基本問題，它帶來了一場陷阱遊戲：你永遠不可能感到做得夠多。我們過生活的方式，不是簡單讓生活隨著時間開展（你可以說，時間本身就是存在）。我們很難不去判定每個時刻的價值，而主要的依據是看有沒有幫上某個未來目標的忙，或是協助你抵達一旦工作終於「不再擋路後」，你希望能好好喘口氣的未來綠洲。從表面上來看，這種生活方式似乎很合理，尤其是處於高度競爭的經濟形勢中，不想被淘汰的話，就得隨時以最明智的方式運用時間（這種想法也反映我們大部分人接受的教育：未來利益的重要性，高過眼前的享樂）。然而，一切的努力終將出現反效果。我們脫離了當下，我們的生活永遠在想著未來，擔心事情會不會順利發展。我們感受每一件事的方式是期待日後會出現的好處，因此終日惶惶不安，更不可能體驗到「深層時間」。那種時間不存在的感受要出現，前提是忘掉抽象的測量標準，再次沉浸在鮮活的現實世界。

孟福德寫道，隨著這種現代心態成為主流，「永恆逐漸不再是人類行為的基準與焦點。」[11] 永恆被取代，取而代之的是獨裁的時鐘、時刻表與 Google 日曆的提醒；以及作家羅賓遜所說的「無趣的庸庸碌碌」，你永遠感到應該再多做一點。試圖掌控時間的問題，在於最終是時間掌控了你。

告解時刻：我自己其實就是生產力狂

後文將探討如何以更合理的方式理解時間，順便提供達成此一目標的實用工具箱。本書的概念取自哲學家、心理學家與精神導師的思想，他們全都不贊同刻意主導時間或戰勝時間。我認為他們的看法勾勒出更有意義的寧靜生活——如果你想長期維持生產力，那反而是更理想的作法。不過，我可沒自稱是這方面的大師：我花了好多年試圖掌控時間，卻不斷失敗。事實上，和我同類的人症狀特別明顯，我是所謂的「生產力狂」。你知道那種人嗎，有的人不是會對健身、時尚、攀岩或詩歌特別狂熱嗎？生產力狂則是熱中於劃掉待辦清單上的事項，因此和其他的「某某狂」差不多，只不過可悲的程度是無限多倍。

我的「清空收件匣」冒險只是冰山一角。我浪費了無數小時（以及為數不小的一筆錢，主要拿去購買高級筆記本和彩色筆），原因是我相信只要找到正確的時間管理方式，養成正確習慣，加上足夠自律，我就能一勞永逸，打贏這場時間的戰役（我之所以能沉溺於這種幻覺，原因是我每星期負責撰寫主題是「生產力」的報紙專欄，有藉口實驗新技巧，號稱一切都是為了工作；我有如剛好是品酒專家的酒鬼）。有一次，我試著把每一天全部劃分成十五分鐘；另一次，我用廚房計時器，嚴格執行一口氣工作二十五分鐘，休息五分鐘，接著再工作二十五分鐘（這個方法的正式名稱是「番茄工作法」〔Pomodoro Technique〕，網路上有狂熱的信徒）。我在清單上把事情分成A、B、C三種重要性（猜猜我有多少機會完成清單B和清單C上的事？）。我試著讓日常行為配合目標，也讓目標配合自己的核心價值觀。運用此類技巧，經常讓我感到自己即將進入天下太平的黃金歲月，專心發揮生產力，從事有意義的活動。然而，那一天不曾降臨，我只是變得壓力更大、更不快樂。

我還記得二〇一四年一個冬日早晨，我人在布魯克林離家不遠處，坐在公園椅上，比平日還更焦慮尚未完成的工作量，但我突然間頓悟，**這一切永遠不會發揮效用的**。我永遠無法成功擁有足夠的效率與自律程度，不論再怎麼努力，我也不會感受到每件事盡在掌握，盡完人生所有的義務，不必再擔心未來。諷刺的是，明白了一切都是徒勞無功，我永遠無法抵達寧靜的天堂後，我立刻感到安心多了（畢竟，一旦你相信自己嘗試的事不可能辦到，就很難再因為失敗而自責）。不過，當時我還不明白**為什麼**所有的方法都注定失敗，我試圖利用那些方法，讓自己感覺掌握住永遠遙不可及的生活。

雖然大多數時候我渾然不覺，但生產力之所以令我著迷，其實源自隱藏的情緒議題。首先，我得以對抗現代工作世界與生俱來的不穩定性：我以為只要我能做到每一位編輯的每一項要求，同時私底下發展好幾項副業，或許終有一天，我能感到職業生涯與財務都獲得了保障。不過，忙翻天也讓我不必去想一些可怕的問題，例如我的人生到底在幹什麼，或許我需要做出重大轉變，但只要我能完成夠多的工作，我的潛意識似乎就認定不需要追根究柢，而不去問我的自我價值大都來自工作是否健康。只要眼看著能掌控時間，我就不必去想人生真正要我做的事，有可能是**放棄**對於操控的渴望，勇敢跳進未知的領域。以我來講，這代表我必須進入長期的關係，決定和妻子嘗試組成家庭，而我顯然不是靠著任何完成事情的技巧，做到成家立業、生兒育女。先前我寧願想像，終有一天我能讓自己「最佳化」，成為最優秀的人，面對人生重大抉擇時不會害怕，進度完全操之在我，而我不想接受那樣的一天永遠不會出現。然而事實上，你無法去除恐懼的部分，而且真相是感到恐懼其實不會怎麼樣。

不過（別擔心！），這裡就不繼續嘮叨我的個人煩惱了。我碰上的特定問題，背後其實有著世人共通的真相：大部分的人以某種方式耗費很多力氣，試圖避免完整感受自己身處的現實。要是捫心自問，我們是否走在正確的道路上，或者是否該放棄某些事物，心中便會萌生焦慮。我們不想要那種不安，不想在感情裡受傷，不想要事業失敗，不想接受這輩子永遠無法討好父母，改變不了我們不喜歡自己的地方。此外，我們更不想碰上生老病死。每個人不願碰觸的事情都不一樣，但核心問題都是相同的：我們只想當鴕鳥，不肯接受事情就是這樣——人生就是**這樣**，有缺憾，也免不了脆弱，朝生暮死，只能盡人事、聽天命。套用心理治療師布魯斯．蒂夫特（Bruce Tift）的話，我們在心中抗拒事情就是這樣，好讓「自己不必在清醒的狀態下，經歷有如幽閉恐懼症的感受，被現實困住、禁錮、無能為力」。[12]傳統的心理分析把這種在痛苦的現實束縛中掙扎的現象，稱為「精神官能症」。從工作狂、承諾恐懼症、共依存症到慢性害羞（chronic shyness），精神官能症以無數的形式顯現。

我們與時間剪不斷、理還亂的關係，主要也源自於我們努力避開現實令人痛苦的束縛。我們努力增加生產力的策略，大都只讓事情雪上加霜，因為那些方法實際上只會讓我們進一步逃避，畢竟要面對你的時間多麼有限很是痛苦。面對的意思是不免必須做出困難的抉擇：你沒有時間做你曾經夢想做的所有事情。此外，即便是手上確實擁有的有限時間，你能掌控的程度也有限，而接受這件事同樣令人痛苦：你可能就是沒那個力氣、沒那個才華，或是缺乏其他好好扮演你認為該扮演的所有角色所需的資源。我們因此不去面對自己的局限，採取迴避的策略，繼續努力感覺世上沒有極限：我們更加努力地鞭策自己、追逐工作與生活能完美平衡的幻想；我們執行那些承諾替每件事挪出時間的時間管理制度，如此一來便不必做出困難的選擇。另一種可能則是我們拖拖拉拉。拖延也是一種讓自己持續感到完整掌控生活的手段：碰上挑戰性十足的計畫時，拖延顯然可以讓你免於經歷失敗帶來的挫折感，畢竟你連開始都沒開始。我們靠忙碌讓自己昏頭，利用分心來麻痺情緒。（「我們想也不想就一股腦投入日常工作的力道，超過維持生活所需的程度。」尼采寫道：「因為對我們來講，更重要的是一定要讓自己沒空，沒時間停下來思考。匆忙度日是共通現象的原因在於，每個人都在逃離自己。」）[13]還有一種可能是我們強行制定計畫，因為另一條路，就是面對我們實際掌控未來的能力非常有限。此外，多數人執著於掌控時間的原因，其實帶有濃厚的個人主義色彩。我們文化的理想是，光靠你一人就能掌控自己的時間表，在自己想要的任何時間做任何想做的事，因為要面對的真相太嚇人了：不論是踏入婚姻、生兒育女、做生意或從政，幾乎每一件值得做的事，都必須與他人合作，讓自己暴露於人際關係帶來的情緒不確定性之中。

然而，否認現實永遠行不通。你或許確實能立刻鬆一口氣，繼續想著在未來的某一天，終於感到一切盡在掌控。然而，否認現實甚至無法令你感到自己已經做得夠多——你**已經**足夠了，因為「足夠」被定義成某種人類辦不到的無限掌控。沒完沒了的努力引發更多的焦慮，更加感受不到生活圓滿。舉例來說，你愈相信自己能成功「找到時間做每一件事」，你自然會答應接下更多工作，愈不覺得有必要質疑你攬下的新任務是否真的值得挪出時間做。你的日子不免充滿更多你不是特別重視的活動。你愈心急，催不了的工作（或幼兒）就愈讓人沮喪；你愈是硬性規畫未來，無法消除的不確定性愈是讓你焦慮程度上升，而無法確定的東西永遠很多。此外，你愈能夠全權掌控自己的時間，也代表你愈孤單。前述的一切所解釋的現象，或許可以稱為**「局限的矛盾」（paradox of limitation）**。這種現象貫穿每一件事：你愈試圖管理時間，渴望感到一切操之在己，擺脫人生在世不免碰上的不如意時刻，你的人生就愈是加倍感受到壓力、空虛與沮喪。相反地，你愈能夠面對人生有其局限，想辦法配合而不是反抗的話，生活就更加充滿生產力、意義與喜悅。我認為焦慮感不可能有完全消失的一天；我們甚至連接受自身有局限的能力也有限，但無論如何，我發現其他所有的時間管理技巧，有效的程度還不到直接面對事實的一半。

現實吹來的寒風

從實務面來講，接受人生時間有限的意思就是在你安排一天行程時，心中明白絕**不可能**有時間做自己想做或別人要你做的每一件事，因此你至少能在做不到的時候，不再責怪自己。由於你不得不做出困難的抉擇，重點就是學著以清醒的頭腦決定要專心做哪些事，哪些則不去管，而不是預設全都要做。此外，也不要騙自己只要夠努力，握有正確的時間管理技巧，就完全不必決定哪些事真的該做。此外，你也得抵擋住誘惑，不能「保持開放的選項」，因為那只不過是另一種試圖保有操控感的方式。你必須在深思熟慮後，做出重大、嚇人、無法回頭的承諾，事先無法得知是否將獲得最好的結果，但事實證明願意放手一搏，終將帶來更多滿足感。此外，面對「錯失恐懼症」（fear of missing out，簡稱 FOMO）時，你必須保持堅定的立場，因為你會發現，基本上你必然會錯過某件事（甚至幾乎是每一件事）。錯過其實不是問題，錯過反而讓我們的選擇有了意義：我們每選擇要花時間做某件事，都代表我們犧牲了其他所有可用那段時間來做、但最後沒做的事。願意犧牲，代表毫不保留地站定立場，投入你心中最重要的那件事。我大概得在這裡先聲明，我也尚未修煉到爐火純青的境界；這本書除了要獻給大家，其實也是替我自己寫的；我深信作家理查·巴哈（Richard Bach）講過的一句話：「在你最有必要學習的時刻，你會是最好的老師。」[14]

勇敢面對限制也會讓我們明白，有時候自由並非來自進一步掌控時間表，而是允許自己受限於群體的韻律——在你**不能**百分之百決定自己要做什麼、何時去做的情況下，參與各式社交生活。此外，你將明白有意義的生產力通常不會來自匆忙完成事情，而是需要花多少時間就花多少時間，臣服於德國人所說的「本身的時間性」（*Eigenzeit*），[15]也就是某個流程本身就需要的時間。或許最基本的一件事，就是明白並接受自己掌控時間的能力有限之後，促使我們質疑「時間是一種你拿來**用**的東西」的概念。另一種不流行、但非常強大的概念是**讓時間使用你**，不把生命當成讓自己功成名就的機會，而是回應你所處的歷史時空的需求。

這裡要聲明，我的意思不是我們的時間困擾全部與心態有關，或者光是簡單改變觀點，就能讓問題消失得無影無蹤。時間壓力主要來自外在的壓力：包括割喉戰的經濟情勢；過去幫忙減輕工作與育兒負擔的社會安全網與家庭網絡消失；以及性別歧視期待女性必須在職場上表現出色，但依舊得攬下大部分的家務。種種的問題無法光靠你一個人就解決；誠如新聞工作者安妮·海倫·彼得森（Anne Helen Petersen）那篇廣為流傳、探討千禧倦怠的文章所言：「休假、成人著色簿、『焦慮烘焙』、番茄工作法，或是該死的隔夜燕麥（譯註：歐美近期的流行作法，前一天晚上事先泡好燕麥，隔天當早餐）」，[16]無法解決這樣的問題。不過此處的重點是，不論你個人的情形有多得天獨厚或不幸，坦然面對現實有益無害。也就是說，只要你持續回應不可能的時間要求，試圖說服自己有一天能想辦法完成不可能的事，你等於在暗中助長那些要求。不論你身處什麼樣的情境，一旦你深刻體認到那些要求是天方夜譚，你將獲得反抗的助力，專心打造你能力所及、最富有意義的生活。

古希臘羅馬的哲學家，對這樣的概念不感陌生：滿足感來自接受而不是否認我們的時間有限。古人明白不朽是神的專利；最崇高的人類目標不是向神看齊，而是全心全力當好一個人。反正不管你同不同意，現實就是這樣，面對現實反而會帶來意想不到的活力。早在一九五〇年代，暴躁得可愛的英國作家杜坎（Charles Garfield Lott Du Cann）寫過一本小書，書名是《教自己活著》（*Teach Yourself to Live*）。杜坎在書中推薦擁抱有限的生活。有人說他的建議令人沮喪，杜坎給了辛辣的回應：「沮喪？一點都不會。頂多就是和洗冷水〔澡〕一樣討厭……你不再為了那些誤導你的虛假人生幻覺，感到困惑又迷惘——你不再和多數人一樣。」[17]面對善用時間的挑戰，這是絕佳精神。沒人能以一己之力，推翻追求無限的生產力、娛樂與速度的社會，但此時此刻你可以停止相信錯覺，不再相信那麼做終有一天能帶來滿足感。你可以面對現實，打開浴室的蓮蓬頭，準備好迎接振奮精神的冷水，等著當頭棒喝落下。

2 效率陷阱

效率陷阱最糟糕的地方，在於「質」也會受到影響，你愈是努力塞進每一件事，你用在最沒意義的事情上的時間，反而會增多。

讓我們先從忙碌講起，忙碌不是我們唯一碰上的時間問題，也不是人人都有這個問題，但忙碌以鮮明的方式，描繪出我們為了對抗天生的限制所做的努力。忙碌已經成為常態，好像你**應該**做的事，非得超過你**能做**的事。我們靠著忙碌，對抗天生受到的限制。事實上，我們不該稱這種狀態為「忙碌」，因為某些忙碌其實令人很快樂。誰不想定居在一九六〇年代經典童書裡的「忙碌鎮」(Busytown)，那個美國插畫家理察．斯凱瑞 (Richard Scarry) 描繪的世界？斯凱瑞筆下的雜貨貓與打火豬絕對很忙，忙碌鎮裡沒有誰閒閒沒事做，就算他們真的有空閒時刻，也採取北韓平壤的風格，小心翼翼，不讓有關當局知道。然而，忙碌鎮的居民沒有**精疲力竭**。貓貓豬豬們神色自若，朝氣蓬勃。即便有很多事要做，也完全有信心手上的時間能和任務配合得剛剛好。我們不一樣，我們的生活永遠充滿焦慮，擔心或者心知肚明時間不夠。

研究顯示，不論是哪種經濟階級都有這種感受。[1]如果你為了填飽孩子的肚子，打兩份最低薪資的工，你很有可能感到精疲力竭。然而，就算你的經濟狀況比較好，你仍舊會為了在你眼裡同樣逃脫不了的重擔，感到心力交瘁：因為你的房子比較高級，要付的房貸比較多，或是因為你（有趣、薪水不錯）的工作有太多事情要做，無法如願多陪陪年老的父母，沒辦法多多參與孩子的生活，或是沒能投入心力對抗氣候變遷。法學院教授丹尼爾．馬科維茨（Daniel Markovits）證實，在我們高度重視成就的文化下，即便是人生勝利組，那些進入菁英大學、領到最高薪水的人士，也感覺自己獲得的獎勵，就是一邊承受「把人壓垮的高強度壓力」，一邊工作，好維持收入和地位；為了過理想的生活，這些收入和地位感覺是必備條件。[2]

這種生活方式不只感覺上辦不到，從合乎邏輯的嚴謹角度來看，是真的辦不到。你**一定得**做到的事，當然無法超過你**能做到**的事，所以前述的概念毫無邏輯可言：如果你的時間，的確不夠做你想做、你感到該做，或是其他人纏著你不放、硬要你做的每一件事，那麼不論沒做到的後果究竟有多嚴重，沒時間就是沒時間。因此嚴格來講，煩惱把人壓垮的待辦清單，其實是一種不理性行為。你能做多少就做多少，不做做不到的。你心中那個堅持命令你每一件事都要做的暴君，根本是無理取鬧。然而，我們很少會停下來如此理性地想事情，因為那代表得面對自己能力有限的痛苦現實。我們被迫承認有些事很難選擇，包括你要讓哪顆球接不到、要讓哪些人失望、要放棄哪個你重視的志向、要放棄扮演哪個角色等等。或許你**沒辦法**保住目前的工作，同時更常與孩子相處；每星期花足夠的時間、滿足發揮創意的渴望，就代表你的住處**永遠**不會特別整潔，或是運動量永遠不足。然而，我們試圖逃避這些不愉快的事實，我們採取的策略，也來自解決忙碌問題的傳統主流建議：我們告訴自己，只要想出辦法多做一點就可以了。可以說，我們試圖解決忙碌問題的辦法，就是讓自己變得更忙。

薛西弗斯的收件匣

有一個現代的問題，得到現代式的反應，不過那其實並非新鮮反應。英國記者阿諾・貝內特（Arnold Bennett）在一九〇八年寫過一本小書，以微慍的口氣提供讀者一些建議。從書名《如何一天只有二十四小時也能活下去》(*How to Live on 24 Hours a Day*)看得出來，在貝內特身處的愛德華時代（譯註：一九〇一年至一九一〇年），焦慮要在一天中塞進更多待辦事項，早已令人煩惱。「近期民眾在某日報上爭論，一個女人能否在鄉間一年靠八十五英鎊，過著舒服的日子。」貝內特寫道：「我〔還〕看到有一篇評論叫〈如何一星期靠八先令活下去〉(How to live on eight shillings a week)。不過，我尚未見過有人寫文章談『如何一天只有二十四小時也能活下去』。」[3]講白了，這句話的幽默之處，在於怎麼會有人需要這種建議，因為沒有誰的人生一天超過二十四小時。然而，人們確實需要：對貝內特與他鎖定的讀者而言，隨著住郊區的專業人士上班必須搭電車與火車通勤，抵達英格蘭日益繁榮的城市辦公室，人們開始感到自己擁有的時間放在一個過小的盒子裡，量根本不夠用。貝內特解釋，他的文章是為了「沮喪的同胞而寫。數不清的民眾或多或少感到痛苦，體會到時光一年一年流逝，不斷消失，但人生依舊尚未步入正軌。」貝內德直言不諱地點出，多數人每天都浪費了數小時，尤其是晚間；他們告訴自己「我累了」，但明明可以輕鬆加把勁，從事那些大家號稱永遠沒時間做、但能夠豐富人生的活動。「我建議，」貝內特寫道：「六點的時候，你要面對眼前的事實，坦承你其實並不累（因為你真的不累，你心知肚明）。」貝內特建議的另一個方法則是提早起床；他甚至教你萬一僕人還在睡，但你已經醒來，要如何自己泡茶。

《如何一天只有二十四小時也能活下去》激勵人心，充滿今日仍值得一讀的實用建議。然而，書中的整套論述都建立在一個極度可疑的假設上（我是說，除了假設你有僕人之外）。就如同貝內特之後的每一位時間管理專家，貝內特暗示只要照他的建議去做，就能完成夠多真正重要的事，與時間和平共處。貝內特建議，只要你在每天的行程中多塞一點活動，就能從容不迫，擁有「足夠的時間」。然而，這種講法在一九〇八年不成立，在今日更不成立。那是我在布魯克林的公園板凳上開始理解的事情。我依舊認為我那次領悟到的，是時間壓力的最佳解毒劑，你將就此海闊天空，踏出第一步，朝著接受自身的極限前進：試圖找出時間，把每一件你認為重要的事悉數做完，或者嘗試做**夠多**重要的事，這一類努力的問題在於你絕對永遠辦不到。

辦不到的原因，不是你尚未找到正確的時間管理技巧，也不是你還不夠努力，不是你起床的時間不夠早，或是你這個人就是無能。原因出在背後的基本假設毫無依據：你無從確認光是做更多的事，有一天就會感到「掌握住一切」，或是找到時間做每一件重要的事。首先，「重不重要」是主觀的判斷，因此你無從假設，你有時間完成你自己、你的雇主或文化恰巧看重的每一件事。然而，另一件討厭的事是，如果你成功塞進更多事情，你會發現終點線開始後退：看起來重要、有意義或有義務要做的事，開始愈冒愈多。在你獲得以驚人速度完成工作的口碑之後，你將獲得更多的工作（你的老闆可不笨：幹嘛把工作交給慢吞吞的人？）。當你想辦法擠出更多時間與孩子相處和待在辦公室，不因厚此薄彼而產生罪惡感，你將突然感受到全新的社會壓力：你應該花更多時間運動、加入家長教師聯誼會。還有，你是不是該學習冥想了？是不是該開始打造想了好幾年的副業？如果成功了，你很快就會不滿足於讓事業維持在小型規模。家事也一樣：歷史學者魯絲．柯望（Ruth Schwartz Cowan）在《母親有了更多工作》（*More Work for Mother*）一書指出，家庭主婦首度得以利用洗衣機和吸塵器等「省力」裝置之後，根本沒有省下任何時間，因為社會對於整潔的標準就此提升，抵銷了機器帶來的好處；既然現在妳**有能力**把先生只穿過一次的襯衫洗到白到發亮，妳便開始感覺**應該要**這麼做，以證明妳有多愛先生。[4]英國幽默作家與歷史學者帕金森（C. Northcote Parkinson）在一九五五年寫道：「你有多少時間完成，工作就會膨脹到那麼多的時間。」這個道理日後被稱為「帕金森定律」。那不只是笑話，也不只適用於工作。那條定律適用於我們需要做的每一件事，甚至也定義了那些膨脹到塞滿所有時間、所謂「需要做的事」。[5]

電子郵件特別能讓人看出這種令人痛苦的諷刺。這個聰明的二十世紀發明，透過距離你的鼻子只有幾公分的數位視窗，或是放在你口袋裡的那個裝置，在你從早到晚的工作天，包括週末，允許全球任何一個人隨時隨地騷擾你，而且對他們來說幾乎毫無成本。電子郵件的「輸入」（原則上你能收到的電子郵件數量）基本上是無限的；電子郵件的「輸出」，也就是你有時間好好閱讀、回覆，或者光是想一下就刪掉的信件數量，絕對是有限的。所以說，改善處理電子郵件的效率，就像是以愈來愈快的速度爬上沒有盡頭的天梯：你感受到要更快一點，但是無論速度多快，你永遠爬不到最上方。在古老的希臘神話裡，眾神為了懲罰傲慢的國王薛西佛斯，判處他必須把一塊巨石推上山坡，但推上去之後，石頭又會不斷滾下山坡。薛西佛斯被迫在永恆之中反覆推著石頭。現代版的薛西佛斯則是清空收件匣，只見他身體往後靠，鬆一口氣，接著又聽見熟悉的「叮咚」聲：「您有新郵件……」

然而，還不只這樣，終點線往後退的效應開始發威：你每回覆完一封郵件，對方很可能再回，你只得再次回覆，魚雁往返，一遍又一遍，直到宇宙的盡頭。在此同時，大家開始知道你是個會立刻回信的人，更多人發覺花時間寄信給你是有用的（相較之下，漫不經心的人經常發現，忘記回信最終替他們省下了時間：人們先前纏著你處理的事情，他們找到了其他解決辦法，或是他們在信上提到即將發生的危機，根本沒發生）。

結論是不只是你永遠處理不完電子郵件：「處理完電子郵件」的過程，實際上會**帶來更多電子郵件**。你或可稱這個普遍的原則為「效率陷阱」。不論是執行各種生產力技巧，還是把自己逼得再緊一點，讓自己變得更有效率的結果，不是感到有「足夠的時間」，因為其他一切照常，但加諸在你身上的要求只會增多。你不會來到把事情做完的美好結局，反而多出新的事情要做。

對多數人而言，大多數時候不可能完全避開效率陷阱，畢竟很少人能夠抵擋住誘惑，**不去**處理電子郵件，即便後果是收到更多電子郵件。生活裡的其他責任也是一樣：我們通常被迫想辦法在時間不變的情況下，塞進更多事，即便結局是我們感到更忙碌（歷史學者柯望筆下的二十世紀初家庭主婦，想必也自覺抗拒不了社會壓力，被迫讓家裡愈來愈整潔、愈來愈乾淨）。我的意思並非單單明白一切是怎麼回事，就會神奇地不再感到忙碌。

不過，你的確可以做出選擇。你可以停止相信，只要塞進更多事情，就能解決忙碌不堪的問題，因為那反而會雪上加霜。一旦你不再為了有一天能感到神清氣爽，努力愈做愈多，你就比較容易在令人喘不過氣的大量要求中，在當下找到內心的平靜，因為你不再讓心靈上的平靜建立在處理完所有的要求之上。只要你不再相信有可能避開時間的選擇難題，便能做出更理想的選擇。當你開始領悟有太多事情要做（永遠都會有這樣的時刻），通往心靈自由的唯一一條路，就是放棄否認人有其局限、以為能使命必達的幻想，專注於做好少數幾件重要的事。

無止境的遺願清單

談了這麼多收件匣和洗衣機的事，很容易讓人誤以爲喘不過氣的感受，只跟辦公室或家中有太多事要做有關。然而，從更深的層面來講，光是今日活在這顆星球上，不論你是否過著任何傳統意義上的忙碌生活，那種「有太多事要做」的感覺總是揮之不去。你可以把這種狀態想成「活不過來」（existential overwhelm）：現代世界源源不絕提供看似值得去做的事。「理想上你想做的事」與「你實際上能做的事」之間，不免出現跨越不了的鴻溝。如同德國社會學家哈特穆特．羅莎（Hartmut Rosa）解釋，前現代的人類沒有這方面的困擾，其中部分原因是他們相信有來世：沒有什麼一定要「盡量善用」有限時間的壓力。在古人眼裡，時間並不是有限的。相對於真正的重頭大戲，在人間的生活不過是相對不重要的序曲。[6]此外，古人通常把世界視為亙古不變，有的文化則認為我們不斷走過可預測的階段性循環。事情感覺是已知的：你滿意在人間這齣戲中扮演的角色。在你之前，成千上萬的人都扮演過這個角色。在你死後，更是會有千萬倍的人接著繼續扮演。你不會感到在史上這個特殊時刻，你錯過了令人興奮的新鮮可能性（亙古不變或循環的史觀認為，永遠不會有這種可能性）。然而，世俗的現代性改變了一切。人們不再相信來生時，你得在**這一生**能做多少是多少。此外，當人們開始相信進步觀，認為歷史朝著更完美的未來前進，他們更深刻地感受到壽命短暫帶來的痛苦，而自己注定要錯過那樣美好的未來，幾乎享受不到。於是他們在生命中塞進五花八門的體驗，試圖平息那樣的焦慮。崔鳩－麥席斯（Jonathan Trejo-Mathys）在學者羅莎的著作《社會加速》（*Social Acceleration*）的譯者導言中寫道：

> 我們愈能以更快的速度前往各地、看見新事物、嘗試新食物、擁抱不同形式的精神生活、學習新活動、與他人分享感官上的愉悅，不論是跳舞或性愛、體驗不同形式的藝術，我們能在一生中體驗到的可能性，就愈接近人類今日與未來的一切可能性。換句話說，我們愈來愈接近真正的「充實」生活，也是字面意義上的充實。我們真的盡量在生活中塞滿了體驗。[7]

就這樣，退休人士一一劃掉遺願清單上的異國之旅，享樂主義者的週末填滿了趣味體驗。他們應接不暇的程度，可說是不亞於疲憊的社工或企業律師。讓他們感到被淹沒的事，聽上去確實樂趣十足；列出一長串尚未造訪的希臘小島，的確勝過替冗長名單上流離失所的家庭找房子。然而，生活的充實度仍得看你能否做到比**能力所及**還多的事。這一點解釋了，為什麼即便把生活塞滿各種開心的活動，通常也不會帶來預期中的滿足感。你試著大口吞下這個世界提供的體驗，努力讓自己感到真正**活過**，但是這個世界能提供的體驗幾乎是永無止境，因此親身體會過幾樣之後，並不會讓你感到已經享受到人生的可能性，反而會直接再度掉進效率陷阱。成功有過更多美好的體驗之後，你就會開始覺得除了已經擁有的一切，你有能力或者應該再多要一些，結果就是讓活不過來的問題愈演愈烈。

或許不用我多說，大家也知道網路讓事態雪上加霜。網路有望助你好好利用時間，同時也讓你接觸到許多利用時間的潛在方式。也就是說，你用來充分利用生活的工具，反而讓你感覺錯過人生中的很多東西。舉例來說，臉書以極度有效的方式宣傳你想參加的活動，但你因此得知的誘人活動，絕對超過任何人有可能參加的數量。使用 OkCupid 這類 app 是尋找約會對象的有效方式，但也隨時提醒你，外頭還有更多魅力十足的對象。在迅速回應大量訊息這方面，沒有任何工具比得過電子郵件，但同樣地，要不是因為世上有電子郵件，你一開始也不會收到那麼多需要回覆的訊息。我們試圖用來「掌握每一件事」的工具，永遠會讓我們失望，因為它們最終會增加我們試圖處理的「每一件事」的量。

為什麼你該停止替大事做好準備

到目前為止，我談的東西似乎在說，效率陷阱只是「量」的問題：你有太多事情要處理，所以你試著塞進更多事，但諷刺的是，結果你有更多事情要做。效率陷阱最糟糕的地方，在於「質」也會受到影響，你愈是努力塞進每一件事，你用在最沒意義的事情上的時間反而會增加。你要是採用超級有雄心壯志的時間管理系統，也就是那種承諾能搞定整張待辦清單的方法，你最後大概沒機會處理清單上最重要的事項。你的退休生活如果是想辦法看遍整個世界，你甚至不會見到最有趣的部分。

這種效應的原因很明顯：你愈是堅定地說服自己，有足夠時間做每一件事，你就愈不會感到有必要質疑，從事某項活動是不是善用你一部分時間的最佳方法。每當你碰上可以加入待辦清單或社交行事曆上的東西，你多半會傾向加上去，因為你假設替那樣東西挪出時間，並不需要犧牲其他的事情或機會。然而，現實是你的時間是有限的，做任何事都需要犧牲——犧牲其他所有你能用那段時間做的事。如果你不曾停下來自問這個犧牲是否值得，你的日子不只會自動填滿更多事，還會冒出更多瑣碎或乏味的小事，因為那些事永遠不需要通過被審查的關卡，確認是否比其他事情重要。這類瑣碎的小事，一般是別人要你做、好讓**他們的**人生輕鬆一點而你沒想到要嘗試拒絕的事。套用管理專家吉姆．班森（Jim Benson）的話來講，你的效率愈高，就愈會變成「有求必應，讓他人取之不盡、用之不竭的許願盆」。[8]

在我仍是生產力忠實信徒的歲月，「質」是我最大的困擾。儘管我自認做事勤懇認真，我愈來愈痛苦地意識到，我最勤奮處理的事務，大都**不重要**，但重要的事被拖延——無限期拖延，或是拖到迫在眉睫的最終期限強迫我去完成。我完成的品質普普通通，而且趕工時壓力非常大。假使我工作的報社的ＩＴ部門寄來電子郵件，提到定期更換密碼的重要性，我會立即採取行動，即便可以完全無視（信件標題中的**「煩請撥冗閱讀」**幾個字就提供了線索。一般來講，那幾個字意在提示你剩下的內容根本不必讀）。與此同時，我擱置了老友報告自己移居印度新德里的長信，以及我已經籌備好幾個月的重要文章，因為我告訴自己，回這種信、完成這種工作，需要動用全部的注意力。也就是說，要等到我能挪出一段完整有空閒的時間，等緊急的小事處理得差不多了再說。就這樣，由於我是勤奮有效率的工作者，我把精力用在迎接重要工作的準備上，努力解決眼前的小事，結果卻發現，光是小事就耗去一整天的時間，過了一夜之後，再度冒出其他小事。我永遠沒時間回覆老友搬去新德里的信，也沒時間替可能成為職涯里程碑的文章找資料。你有可能因為做事的優先順序有問題，一轉眼就耗掉好幾年，一直拖著沒做心中最重視的事。

我逐漸瞭解這類情況需要的，其實是某種抵抗能力。我需要的不是帶來反效果的效率提升策略，而是願意抗拒衝動——學著留意心中感到被擊敗、無法事事掌控的焦慮。不要出現膝反射，急著多處理一些事。以這種方式過日子，意思是不要忙著解決擋路的瑣事，而是**拒絕**做這一類事情，把注意力放在影響最重大的事物上頭。你會感到不安，因為你知道如果這麼做，電子郵件、雜務和其他待辦事項將進一步堆積如山，其中有些事你可能永遠沒機會去做，但你要忍住。你偶爾還是決定把自己逼緊一點，在情況必要時多塞進一點工作，但那不再是你的預設模式，因為你已不再生活於幻覺之中，以為有一天能為每件事挪出時間。

存在的精疲力竭也一樣：你需要動用意志力，抗拒想要體驗更多事物的渴望，因為那只會讓你感到有太多活動還沒體驗過。一旦你真正瞭解，錯過世上絕大多數的體驗是必然的結果，那麼有太多事物尚未體驗過，將不再是個問題。你得以全心享受你實際上有時間體驗的滄海一粟，也更能在每一刻自由選擇做最重要的事。

方便的陷阱

想方設法增加效率，還會以另一種意想不到的方式，進一步扭曲我們這個年代與時間的關係：**便利**的誘惑。我們有太多事要做，於是各種便利產業如今欣欣向榮，承諾協助我們減少或加快處理耗時的瑣事。然而，結果卻是生活在不知不覺中變得更糟。這麼諷刺的結果，各位讀到這裡應該不會太訝異。如同其他的效率陷阱，用這種方式節省時間，將帶來「量」方面的副作用，因為省下的時間只會被更多你覺得應該做的事給占用。此外，「質」也受到影響，因為在我們試圖只減少瑣碎體驗的過程中，不小心也帶走了消失之後才知道要珍惜的事。

事情是這樣的，套用新創公司的行話來講，矽谷的致富之道是找出「痛點」，也就是日常生活中的「阻力」（同樣是矽谷喜歡的用語）所導致的小小不爽，接著提供避開的方法。Uber 消除的「痛」，是你不必找出地方計程車行的電話號碼，打過去叫車，或是直接在街上攔計程車；Apple Pay 等數位錢包 app 所消除的「痛」，是你不必伸手到包包裡翻找實體錢包或現金。Seamless 等送餐服務甚至大打廣告，宣傳他們省去你的痛苦，方便你不必和真的餐廳員工講話，只需要和螢幕交談（雖然是以開玩笑的口吻，但你們懂的）。這種做事方式，的確讓每件事更順暢，但順暢究竟是不是好事則很難講，因為連帶地，我們往往不再接觸到真實的生活。接觸真實的生活讓生活有意義，培養對身心健康來講都很關鍵的人際關係，讓我們的社群具備復原力。你是地方計程車行的忠實顧客這一點，是一條串起社會的細線。成千上萬條這樣的細線，讓鄰里團結起來；你和附近的中菜外帶店女老闆的互動，感覺上不是什麼重要的人際關係，但你們這一帶因此成為人與人之間仍會交談的地方，因此科技帶來的孤獨感還沒戰勝一切（我是在家工作的作家。相信我，和另一個人類講上短短的一、兩句話，就會讓你的一天大大不同）。至於 Apple Pay，我喜歡買東西有一點阻力，稍微減少我亂買的機率。

換句話說，方便讓事情變得容易，但沒有考慮到容易是否真的是任何情境中最寶貴的特質。以卡片的便利服務為例（近年來，我過度仰賴），你可以自行設計生日卡，從遠端寄送，不必親眼看到或摸到實品。或許這樣至少比什麼都沒寄來得好，但寄的人和收的人都知道，相較於在商店購買實體卡片、親筆寫下祝福，接著走到郵筒寄出，網路卡片是糟糕的代替品。不同於老生常談的「心意最重要」，重點其實是你付出了努力，也就是不便利的地方。當我們讓過程變方便，意義就消失了。創投資本家暨 Reddit 共同創始人亞歷克西斯・瓦尼安（Alexis Ohanian）指出，我們通常「不會發現某個東西有缺陷，直到有人向我們指出更好的方法」。[9] 然而，我們沒發現日常流程有問題的另一個原因，在於那根本談不上是缺陷。從外在來看，不便之處像是缺陷，實際上卻流露非常有人情味的一面。

追求便利，往往不只會讓某個活動感覺沒那麼珍貴，我們還會完全停止參與某些有益的活動，改而參加更方便的選項。由於你**可以**待在家裡，用 Seamless 叫外賣，觀賞 Netflix 的情境喜劇，所以你選擇那麼做，即便你可能完全意識到，要是遵守約定和朋友在市區見面，或是嘗試有趣的新食譜，你將享有更美好的時光。「我偏好自己煮咖啡。」法律教授吳修銘在一篇文章中談到便利文化的陷阱：「但星巴克的即溶包實在太方便，我幾乎不會去做自己『偏好』的事。」在此同時，生活中那些無法去除麻煩的面向，開始令人感到討厭。「當你可以不必排隊，用手機就能購買音樂會的門票，」吳教授指出：

「選舉時要排隊投票簡直令人心煩。」[10] 隨著便利性占據日常生活，各種活動逐漸變成兩大類：一類在今日變得方便許多，卻令人感到空虛或無法迎合我們真正的偏好；另一類在今日則是令人感到極度煩躁，因為依舊很不方便。

若要以個人或家庭的身分抗拒這一切，需要有點毅力才行，因為隨著生活變順暢，你要是堅持以不方便的方式做事，認為要費點力氣才好，看起來就更像是老古板。扔掉智慧型手機，不再使用 Google，或是選擇寄送傳統信件，不傳 WhatsApp 訊息，人們會懷疑你是不是瘋了。即便如此，還是有可能做到。聖經學者與農業學家齊思美（Sylvia Keesmaat）放棄多倫多的全職大學教職，理由是她有預感，她過度忙碌的生活，以及那種生活看起來需要的效率與便利，在某方面讓生活失去了意義。她和先生、孩子搬到加拿大內陸長條型的廣闊農場——「中間之地」（Land Between）。每個冬日要做的第一件事是生火，好讓農舍溫暖起來並煮飯燒水：

> 每天早上，我仔細刮掉昨日殘留的灰燼……擺好火種，聽著燃燒的木材劈啪作響，我等待。房子涼颼颼的，我在接下來幾分鐘，只需集中精神看著火，耐心等候。火需要時間才會燒起來，要有燃料，要好好看著，熱度才會來到能煮東西的程度。如果我

走開，火就會熄滅。如果忘了顧火，火也會熄掉。當然，火就是火，如果我讓火燒得太旺，忘記好好看著，**我**有可能被燒死。幹嘛冒這種險？

有一次，有人問我早上喝到第一杯熱茶需要花多少時間。呃，我想想：冬天，我需要生火、掃地、叫孩子起床做農務……我弄水給牛喝、餵牠們一點乾草，也給雞一點穀粒和水，餵鴨。有時，我會協助孩子照顧馬兒和穀倉貓，再回到屋內。我會放上水壺。或許早上醒來後，我能在一小時內喝到東西，如果一切順利的話。一小時嗎？[11]

齊思美自願過不方便的生活。這裡不需要深入討論她的生活方式，是否本質上勝過中央暖氣系統、外賣與一天兩趟的通勤（我猜或許的確勝過，因為齊思美一天中的忙碌方式，似乎就是童書畫家斯凱瑞筆下那種開開心心、不會過頭的忙）。此外，顯然不是每個人都有辦法選擇那條路，不過真正的重點是齊思美之所以決定做如此極端的改變，是因為她意識到自己永遠無法透過節省時間，在生活中擠進更多活動，打造出更有意義的生活。對她來講，有意義的生活是和家人生活的實體環境培養更具觀照力的關係。為了把時間挪給重要的事，她需要放棄某些事。

便利文化引誘我們想像，光是去掉生活中的雜務，就有空間容納每一件重要的事。

然而，那是謊言。你得選好屈指可數的幾件事，其他的全數犧牲，接著想辦法消化不免讓你感到失落的情緒。齊思美選擇和孩子一起生火與栽種食物。「除了照顧土地，還有什麼辦法能讓我們認識我們定居的這個地方？」齊思美寫道：「除了親手種我們吃的食物，我們如何能學到土壤的生命特性，瞭解甜椒、萵苣、甘藍的不同需求？」[12]當然，你可能做出相當不同的決定，但是有限的人類生活有一個避不開的事實：你**將**不得不做出選擇。

3 面對有限性

唯有以清醒的頭腦，勇敢面對死亡的必然性，以及人終有一死帶來的各種結論，我們才會真正活在人生當下。

你要是想探討，身為有局限的人類在世上的時間有限，究竟是什麼意思，你一下子就會讀到比任何思想家都還要執著於這個主題的哲學家：海德格（Martin Heidegger）。基於兩點理由，海德格作為這個領域的翹楚是很不幸的事，最明顯的一點是自一九三三年起，有超過十年的時間，海德格是活躍的納粹黨人（這件事對他的哲學思想來講，代表什麼意義，既令人頭疼又引人入勝，但這裡討論下去就離題了，因此各位得自行決定，海德格這項極度糟糕的人生選擇，在「我們整體而言，如何做出人生選擇」這個議題上，是否讓他的看法站不住腳）。第二個很不幸的原因，則是海德格的文字幾乎不可能讀懂。他的哲學研究充滿天書般的用語，例如「向死存在」（Being-towards-death）[1]和「消弭隔閡」（de-severance），[2]還有接下來這句話（你得先坐下來，因為可能令人頭昏腦脹）：「『面對』最自我的存在潛在性（potentiality-for-Being）所引發的焦慮。」[3]這就是為什麼任何人對於海德格哲學的詮釋，都不該被當成最終的定論，更別說是我的解釋了。不過，有關海德格寫東西故弄玄虛的指控，他的確有自己的一套道理。日常語言反映出我們平日看事情的方法，但海德格希望把指甲放進最基本的存在元素底下（那些因為太熟悉，我們很少留意的事），摳起那些元素，拿起來好好檢視一番。意思就是說，海德格要用不熟悉的講法，讓事情變得不熟悉，所以你讀他的文字時會感到困惑，跌跌撞撞，不過有時你會因為跌跤，剛好一頭撞進現實。

被拋進時間

海德格在代表作《存在與時間》（*Being and Time*）主張，關於這個世界，我們未能察覺的最基本的一件事，就是這個世界的存在是多麼驚人——居然會有東西，而不是沒東西。大部分的哲學家與科學家，在職業生涯中思考事物**如何**存在：存在哪種事、它們來自哪裡、彼此之間的關係是什麼。然而，我們忘了因為最初**竟然**出現東西而感到訝異。用海德格的話來講：「世界在我們的四面八方構成世界。」[4] 作家莎拉．貝克威爾（Sarah Bakewell）形容得很妙，最初**居然會有存有**（**being**），這個「基本事實，理論上會隨時讓我們踢到腳趾」，但我們幾乎永遠視若無睹。[5]

海德格把我們的注意力集中在「存有」這個基本議題上，接著特別談到人類與我們特殊的存有。一個人類**存有**（**to be**）是什麼意思？（我知道這段話聽起來，像是哲學家在抽象的荒野裡迷路的糟糕喜劇段子，但恐怕接下來兩段話還更糟糕，撐過去才會好起來）。海德格的答案是我們的存有，百分之百與我們有限的時間密切相關，甚至這兩件事是同義詞：對人類來講，存有首先是在「出生」與「死亡」之間的那段時間暫時存在。我們確知終點將會來臨，但無從得知是什麼時候。我們一般會談我們**擁有**有限的時間，但是從海德格的奇特角度來看，還不如說我們**是**一段有限的時間。我們就是這樣完全被有限的時間所定義。

自從海德格提出這項主張，哲學家就一直在爭論「我們是時間」到底是什麼意思，甚至有人主張那不代表任何意思，所以這裡就不追根究柢，卡在這個爭論上。我們只需要知道，人類存在的每一刻，完全充滿著海德格所說的我們的「有限性」（finitude）。

我們面對五花八門的挑戰，時間有限不僅只是其中一個問題。在我們開始處理任何事之前，時間有限首先就定義了身為人類的我們。在我尚未提出我該如何利用時間的任何問題之前，我已經帶著我獨有的人生故事被拋**進**時間（thrown *into* time），進入這個特定的時刻，成為我這個人，永遠無法擺脫。放眼未來，我同樣被我的有限性束縛：我在時間之河裡被帶著往前走，不可能踏出水流，一路流向不可避免的死亡。更麻煩的是，我有可能隨時抵達死亡。

在這樣的情況下，我如何使用我的時間去做任何事的決定，已經是極度有限。首先，從回溯的角度來看是有限的，因為我已經變成我這個人，已經在我在的地方，而這決定了我擁有的可能性。然而，往前看同樣極度有限，尤其決定去做任何一件事，將自動代表犧牲其他無數條可能的道路。我在一天之中做出數百個小的選擇，我是在建立生活；然而同一時間，我也一舉斬斷其他無限個可能性（英文的「決定」（decide）的拉丁字源 *decidere*，意思是「切斷」，割去不同的可能性，和「殺人」〔homicide〕與「自殺」〔suicide〕等詞彙是源頭相近的姐妹詞）。任何有限的人生，即便是你能想像的最美好的人生，永遠在和可能性說再見。

關於這樣的有限性，唯一真正要問的問題是，我們是否願意勇敢面對。對海德格來講，這是人類存在的核心挑戰：他主張既然有限性定義著我們的人生，那麼過著真正的真誠生活，成為完整的人類，意思便是面對那個事實。我們必須清楚意識到自身的限制，在這種不確定的存在模式（海德格稱為「向死存在」）中，知道**就是這樣了**。人生不是帶妝彩排，每一個選擇都需要做出大量的犧牲，時間永遠在流逝，甚至可能今天、明天或下個月就沒了。接下來，我們帶著這樣的認識，盡一切力量活出自己的人生。也就是說，不只要真的像老生常談所講的那樣，度過每一天的時候，「假裝」這是你人生的最後一天。重點是今天真的可能就是最後一天，你不能完全仰賴未來的某個時間點。

顯然，從任何正常的角度來看，這種心態聽起來太病態、壓力太大。然而，在某種程度上，若是能從這樣的觀點來看人生，你**不是**採取任何普通的角度；至少就海德格的觀點，這樣的角度與「病態和壓力大」正好相反。有限的人類若要活出完整的人生，以成熟個體的身分與他人建立連結，體驗真實的世界，這是唯一的出路。從這個觀點來看，我們大部分人在大多數時間所做的事，才是真正的病態。我們未能勇敢面對自身的有限性，而是沉溺於逃避心態與否認（用海德格的話來講是「沉淪」〔falling〕）。我們不主宰自己的人生，卻尋求消遣，或是迷失在忙碌與日常的辛苦工作中，試圖忘掉人類真正的困境，逃避嚇人的責任——我們必須決定如何運用手上有限的時間。我們告訴自己，我們根本沒有選擇。我們必須結婚，必須繼續做行屍走肉的工作，我們必須這樣那樣，這個世界就是這樣運轉的。另一種可能則是如同前一章所言，我們徒勞無功地嘗試「做完每一件事」，但這其實是在以另一種方式，嘗試逃避該如何運用有限時間的責任，因為如果真**能**每一件事情都做，就永遠不必在幾個互斥的可能性中挑出一個。以這種方式逃避現實時，人生通常會比較好過，但那是沒有出路、一攤死水的舒適圈。唯有面對自身的有限性，我們才有可能和人生步入一段真正實在的關係。

清醒起來

瑞典哲學家海格隆德（Martin Hägglund）二〇一九年的著作《此生》（*This Life*），講得稍微白話一些，比較沒那麼玄。海格隆德對照「面對我們的有限性」與「永生的宗教信仰」，主張如果你真的相信生命永遠不會結束，那麼沒有任何事真的顯得那麼重要，因為你永遠不必選擇是否要將一段寶貴的生命用在某件事情上。「如果我相信我的生命將永遠延續下去，」海格隆德寫道：「我永遠不會認為我的人生有風險，我永遠不會急著一定要用我的時間做點什麼。」[6] 永生將無聊透頂，因為每當你想著是否要在某一天做某件事，答案永遠是：「誰在乎啊？」畢竟總會有明天、後天、大後天……。海格隆德引用《美國天主教》(*U.S. Catholic*) 雜誌一篇文章的標題，作者聽起來像是某個虔誠的信徒突然明白一個非常尷尬的可能性：「天堂：會不會無聊啊？」[7]

海格隆德拿家族度假來對比。他每年都會前往瑞典多風的波羅的海沿岸，和家族在同一棟房子裡共度暑假。海格隆德指出此類體驗的價值，關鍵就在於他不會永遠體驗下去，親人也不會永遠都在。他和親人的關係因此是暫時的，就連海岸線目前的樣貌，也不過是暫時的現象。這一區的冰河在一萬兩千年間不斷後退，持續露出乾燥的地面。如果海格隆德永生永世都會度過這樣的暑假，那任何暑假都沒有什麼寶貴的；就因為他絕對不會度過無限次這種假期，這些假期才顯得彌足珍貴。海格隆德主張，唯有從「因為有限、所以珍惜」的立場出發，你才有可能真正關心集體危機帶來的影響，例如，造成冰河加速融化的氣候變遷。如果我們在世間的存在，只不過是在天堂度過永生的序曲，生存威脅不會是什麼真正重要的議題。

當然，如果各位沒有宗教信仰，或者就算有，你也可能不是真的相信有永生。任何人只要在過日子時，未能勇敢面對自己的有限性，下意識說服自己還有很多、很多時間，或是告訴自己能把無限的事情塞進手上擁有的時間——基本上，這種人全在同一條船上。他們活在否認之中，拒絕相信自己的時間是有限的，因此決定要如何運用人生中的任何一段時間，他們都覺得沒什麼大不了的，但唯有以清醒的頭腦，勇敢面對死亡的必然性，以及人終有一死帶來的各種結論，我們才會真正活在人生當下。

名人經常宣稱，和癌症打交道是他們「一生中碰過最美好的事」。這種缺乏新意的說法，背後的核心智慧正是我們剛才談到的觀念：癌症迫使罹癌的名人以更真誠的方式活著，每件事突然令人感覺具有深刻的意義。這種講法有時會帶來一種印象，就是人們面對死亡的真相後，一定會變得更快樂，但實際上不是這樣：當你強烈體會到自己就要死了，剩下的時間極度有限，對於人生這層新增的深度來講，「更快樂」顯然是錯誤的形容詞。不過，事情的確變得「更真實」。英國雕塑家瑪莉安．考特斯（Marion Coutts）在自傳《當我們撞上冰山：罹癌家屬的陪病手記》（*The Iceberg*）中回憶，她去接第一天換新保母的兩歲兒子時，她的先生、藝評家湯姆．盧伯克（Tom Lubbock）到街上找她，告訴妻子自己罹患了惡性腦瘤，只剩三年的時間：

發生了一件事，傳來一則消息。我們收到診斷報告。消息一來，我們的世界天崩地裂，先前的世界消失，只有一件事不變。接到消息後，我們決定維持原本的生活，我們這個家要撐下去……

我們學到一些事。我們學到人終有一死。你會說，你早就知道這件事，但你不知道。消息一刀切下來，分隔開這一刻與另一刻，世界一分為二……彷彿我們被告知新的物理定律，那項定律和其他所有的事一樣絕對，但偶然到可怕的程度。這是感知的定律，告訴你：**你將失去眼前的一切。**[8]

萬一還需要說明，這裡的意思當然不是被診斷出末期疾病、喪親或其他任何死亡經歷會是好事，也不會是我們想碰到或「值得」遇上的事。然而，這樣的經歷即便百分之百不受歡迎，似乎通常會讓當事人和時間處於更誠實的新關係。我們要問的是，我們能否不必體驗到痛苦的失去，就有一點類似的體悟。歷代的作家很難找到一個詞，形容那種狀態對生活產生的影響。雖然「更快樂」是錯誤的形容詞，「更悲傷」也傳達不出那種感覺。你可以說那是「明媚的憂傷」（bright sadness，牧師作家羅爾的用語）[9]、「頑固的喜悅」（stubborn gladness，詩人紀伯特〔Jack Gilbert〕的講法）[10]或「清醒的喜悅」（sober joy，海德格學者巴拉德〔Bruce Ballard〕採用的詞彙）。[11]也或者，你可以單純稱之為終於勇敢面對真實的人生，面對基本的事實：我們一生能過的禮拜有限。

時間全是借來的

我要在這裡和盤托出，很遺憾，我本人每天過生活時，並不是永遠毫不畏懼地接受自己終有一死的命運。或許根本沒人做得到。不過，我確定如果你採取這裡探討的觀點，即便只是稍微接受（不論有多短暫或多偶爾，如果你能把注意力放在**存有**是多麼令人驚奇的事，關切自己只擁有少量的存有），那麼你對於自己活著，此時此刻在時間的流動裡活著（或是以海德格的用語，活得**有如**時間的流動），你的感受會出現明顯的轉變。套用某學者的話，從日常的角度來看，「人生是有限的」有如嚴重的汙辱，「是某種個人的攻擊，且奪走了一個人的時間。」[12]套用喜劇演員伍迪·艾倫的老片台詞，你原本計畫要永遠活下去，不是在國人心中永垂不朽的那種活，而是在自家公寓裡活著，但半途殺出死亡這個可惡的江洋大盜，奪走屬於你的性命。

然而，想一想就會發現，這種態度相當自以為是。我們憑什麼假設無限供應的時間是預設值，而死亡是在嚴重侵犯你的權利？換句話說，為什麼要因為「四千」和「無窮」比起來很小，就認為四千個禮拜很少？為什麼不倒過來，既然四千個禮拜比你未曾出生多很多，何不把四千當成一個大數字？只有不曾留意最初會**存在**任何東西有多神奇的人，才會認為自己的存在理所當然——彷彿他們活著是天經地義的事，永遠不會被奪走生命。換句話說，或許不是你被不正當的手段奪走無限的時間供應；也許能擁有任何一丁點的時間，已是令人費解的奇蹟。

加拿大作家大衛．凱恩（David Cain）在二〇一八年的夏天，在驚嚇中頓悟這一點。凱恩到多倫多的希臘城區參加一場活動，那天晚上平淡無奇地過去了。「我早到了。」他回想：「便到附近的公園走一走，逛了逛丹福斯大道（Danforth Avenue）上的商店與餐廳。我在教堂前停下，綁了鞋帶。我還記得想到等一下要認識一群新的人很緊張。」兩星期後，在凱恩逛街的同一個地方，一名精神錯亂的男子開槍擊中十四人，兩人死亡，接著凶手自殺。凱恩承認理智上來講，他當然稱不上死裡逃生；每天都有好幾千人走過丹福斯大道，也不是說當天差個幾分鐘，他就會碰上那場槍擊案。即便如此，光是想到碰上這起槍擊事件的人有可能是自己，就足以讓凱恩思考與死神擦身而過的意義。「我看到目擊者講述現場情形的畫面，有的人就站在我繫鞋帶的那間教堂前，我那天就是在那個角落緊張地走來走去。」凱恩寫道：「那給了我一個很重要的觀點：我是剛好活著，沒有宇宙法則說我該活著。活著只是碰巧，不保證我能多活一天。」[13]

我發現這樣的觀點轉換，帶給日常的煩心事務特別驚人的效果。我的回應變得很不一樣，尤其是碰上塞車、機場安檢排隊、嬰兒早上五點就醒來，以及即便昨天已經收過，今晚顯然又得從洗碗機中拿出碗盤（你懂的！）。講起來很丟臉，不過我得承認這些年來，這些瑣碎小事帶給我超大的負面情緒，深深影響著我的快樂程度。現在這種事依然常常讓我抓狂，但暴躁情緒的高峰多半出現在先前我最執著於生產力的時期。當你試著「掌控你的時間」，最令人暴跳如雷的莫過於，你好不容易在賣得太貴的筆記本上規畫好行程，卻被隨口叫去做事，或是被與你無關的原因拖到。然而，要是你改而把注意力放在你仍活著、**有幸**碰上煩人的事，事情立刻看起來很不一樣。突然間，你人能在那裡、能經歷任何事，感覺已經很神奇了。就算這次碰上的事情剛好很煩人，比起你仍活著，那些小事一點也不算什麼。英國環境顧問傑夫．賴伊（Geoff Lye）有一次告訴我，在他的朋友兼同事大衛．華生（David Watson）突然英年早逝後，他平日被卡在車陣裡，就不再如往常一樣暴躁地握緊拳頭，而是想著：「大衛會拿什麼交換被困在這車陣裡？」遇到讓他等太久的超市排隊隊伍與忙線中的客服，他也用同樣的轉念方式應對。賴伊的注意力，不再完全放在自己在這樣惱人的時刻在做**什麼**，或是寧可做什麼；他如今還注意到自己**居然**能夠在這裡做這件事，可真是萬幸。賴伊的心中湧出感激之情，連自己都嚇了一跳。

想一想，這一切對以下這個關鍵的基本問題意味著什麼：你要如何利用自己有限的時間？前文提過，你是壽命有限的人類，人生永遠在做困難的抉擇。舉例來說，如果我把今天下午用在寫作這件對我來說重要的事，那我勢必得放棄其他許多也很重要的事，例如陪兒子玩。我自然會感到這種情形十分令人遺憾，渴望活在不同版本的生命裡，而不必用這樣的方式，在不同的重要活動之間做出抉擇。然而，如果說活著已經很神奇，就如凱恩看到丹福斯大道槍擊案的新聞報導後，領悟到「你整個人生都是借來的時間」，那麼比較合理的作法，難道不是談有幸能做選擇，而不是煩惱必須做選擇？從這個角度來看，這種情形似乎沒那麼令人遺憾了：每一個做出決定的時刻，都變成可從琳瑯滿目的可能性中挑選一個的幸運機會，而你本來很可能根本沒機會挑。此時，可憐自己被剝奪其他所有的選項，變成了不合理的行為。

在這種情形下，做選擇（從當前的選項中挑一個）成為一種肯定，根本算不上挫敗。這是一種正面的投入，你決定要用某段時間做**這件事**、不做**那件事**（不只一件，而是不計其數的其他事情），因為你判定**這件事**是目前最重要的一件。換句話說，就因為我可以用其他同樣很有價值的方式度過這個下午，我做出的決定因此有了意義。當然，這個道理也適用於人的一生。舉例來講，因為結了婚就再也不能和別人約會（誰知道呢？外頭可能真的有更合適的對象），婚姻才有了意義。當你明白這個有限性的真理，心中有時會湧出喜悅。為了和「錯失恐懼症」一詞對照，那種喜悅被稱為「錯過的喜悅」(joy of missing out)。你興奮地意識到，你甚至不會真的想要每件事都去做，因為假使不必決定要錯過什麼，你的選擇不可能真的具有任何意義。在這樣的心態下，你欣然接受你放棄了某些樂趣，或是忽略了某些義務，因為不論你決定改做什麼，看是賺錢養家、寫小說、幫小朋友洗澡，或是黃昏時分在登山步道停下腳步，觀賞蒼白的冬陽落入地平線，那都是你選的。你沒有任何權利要求能夠活著，卻得以選擇要如何利用這段時間。這不是很幸運嗎？

4 使出更好的拖字訣

既然時間是有限的，拒絕將就，花上十年時間，在約會網站上苦苦尋覓，希望找到完美對象，其實也是一種將就，因為你選擇耗費你有限時間裡的十年，處於另一種不是那麼理想的情境。

走筆至此，或許有些太形而上學了。許多沉思過「人類有限性」這個主題的哲學家，不願意將自身的觀察化為實務的建議，因為那讀起來會像自我成長書籍（天啊，怎麼有人會想要自我成長！）。不過，他們的洞見的確具體延伸到日常生活。別的不提，他們明確地指出，管理有限時間的核心挑戰不在於如何完成每一件事（那原本就不可能），而在於如何以最明智的方式決定**不要**做什麼，以及如何不要因此懷有罪惡感。如同美國作家與教師葛瑞奇（Gregg Krech）所言，我們需要學習以更好的方式拖延。[1] 拖延是某種無法避免的事：沒錯，在任何時刻，你幾乎都在拖延每一件事。到了人生的盡頭，那些理論上應該已經做完的事，你幾乎都沒做。因此，重點不是根治拖延症，而是以更明智的方式選擇要延後哪些事，專注於眼前最重要的事。不論是哪一種時間管理技巧，真正的有效評估指標是那項技巧**是否協助你忽視應該忽視的事物**。

相關技巧有很高的比率都做不到，反而愈弄愈糟。大部分的生產力專家根本助長了我們的時間問題，他們獻計讓我們一直相信有可能事事都顧及。各位可能熟悉罐子裡裝石頭那則令人翻白眼的寓言。[2]那則故事在史蒂芬．柯維（Stephen Covey）一九九四年的《與時間有約》（*First Things First*）首度危害世人。自此之後，生產力的圈子就無限重複那則故事。我最熟悉的版本是，有一天一名老師到教室上課，他拿著幾塊大石頭、幾顆小石子、一袋沙，還有一個大玻璃罐，向學生發出挑戰：他們能否把所有的大石頭、小石頭和沙子都裝進罐子裡？他的學生顯然頭腦不太好，先試著把小石子或沙子放進罐中，結果沒空間擺大石頭。最後，老師（他臉上的笑容顯然是在憐憫可憐蟲）示範正確解答：先放進大石頭，接著是小石頭，最後才倒沙，於是體積小的物體剛好能塞進大物體之間的空隙。這則故事的寓意是，如果你挪出時間先做最重要的事，就能在完成所有的重要事務之後，還有很多空間可以做比較不重要的事。萬一你沒按照這個順序去完成待辦清單，你永遠沒有空間去做較重要的事。

故事結束了，但這是一則謊言。那個自命不凡的老師並不老實，操縱這場示範，只帶了幾塊大石頭進教室，事先就知道那幾塊可以全數放進罐子。然而，今日的時間管理真正的難題，不在於我們不懂得要先放大石頭，而是大石頭太多了，大部分的大石頭永遠連靠近玻璃罐的機會都沒有。關鍵問題不是如何區分重要和不重要的活動，而是如何處理爆炸的量。有太多事情感覺至少都有幾分重要性，可以當成大石頭。幸好，有幾顆更有智慧的腦袋，探討過一模一樣的難題，他們的建議融合了三個主要原則。

有創意的忽視藝術

原則一是在時間這方面**先支付你自己**。這句話借自圖像小說家與創意教練潔西卡·阿貝爾（Jessica Abel），[3]而她又是從個人理財的世界聽來的。這句話長久以來一直被奉為信條，是因為有用。如果你在領到薪水的那一天，就先抽一部分存起來、拿去投資，或是清償債務，你大概永遠不會感覺那些錢不見了；你彷彿什麼事都沒發生過，照常買菜、繳帳單，因為你一開始就不曾擁有那些錢（當然，這種作法有其極限：萬一你的收入剛好只夠生活，那麼這個計畫行不通）。然而，如果你和多數人一樣，「最後才支付自己」，也就是需要買什麼就買什麼，然後祈禱最後會有剩餘的錢可以儲蓄，那麼通常不會剩，而且不一定是因為你隨心所欲亂花錢，喝拿鐵，跑去修腳、購買最新的電子產品，或是吸食海洛因。在你掏錢的當下，每筆支出可能感覺都是合理、有必要的。問題出在我們很不擅長做長遠的規畫：如果某樣東西在當下感覺是優先要務，你幾乎不可能冷靜評估一星期後或一個月後，還會不會那麼感覺，因此我們自然會先把錢花出去，等到沒有剩餘的錢可存的時候，又感到懊惱。

阿貝爾指出，同樣的邏輯也能套用在時間上。如果你為你最重視的事情挪出時間的方法，也是先處理其他所有要求你付出時間的重要事項，然後默默祈禱最後還有多餘的時間，那麼你要失望了。如果做某件事對你來講真的很重要，例如：執行某項創意計畫、培養一段關係，或是替某個崇高的目標挺身而出，那麼唯一能確保你真的會去做的方法，就是今天就做一點，不論時間多短都沒關係，而且不要管有多少其他超大的石頭在呼喚你。有好幾年的時間，阿貝爾試著藉由降伏待辦事項，把時間表挪來挪去，替她的插畫工作找出時間，但是都沒成功。阿貝爾後來看出唯一可行的選項，就是豁出去徵用時間，直接每天畫一、兩個小時，接著承受後果，即便後果是沒做到其他她也真心看重的事。「如果你不替自己留一點時間，現在就留，每星期都留一些，」套用阿貝爾的話：「你不會在未來的某個時間點，突然神奇地做完每一件事，手上還剩許多空閒時間。」市面上另外兩種珍貴的時間管理建議，也是同樣的道理：在一天中的第一個小時，先進行你最重要的計畫。藉由安排和自己「開會」，保護你的時間。把那些會議放進日曆之後，就不能再安排其他事情。各位可以把這項建議想成某種版本的「先支付自己」，把相關的一次性小技巧升級為人生哲學。背後的基本精神是再簡單不過的道理：如果你打算把人生中的四千個禮拜，挪出一部分來做對你最重要的事，那麼你總得在某一刻開始去進行。

第二條原則是限制**進行中的工作**。或許我們在抗拒時間有限這個事實時，最誘人的作法就是一次展開大量的計畫；如此一來，你將感到很充實，多管齊下，全面進攻，但最後的結局通常是每件事都沒有進展，因為每當一個計畫開始變得棘手、嚇人或是無聊，你隨時都能跳到另一個計畫。你保有事情由自己掌控的感受，但代價是不曾完成任何重要的事。

你可以改走另一條路：嚴格規定自己在同一時間能做的事情數量。管理專家班森與東尼安妮・狄瑪莉亞・貝瑞（Tonianne DeMaria Barry）在《個人看板》（*Personal Kan-*

ban）一書中詳細探索這個策略，建議一次不要做超過三件事。一旦選好，其他要你挪出時間的事，都必須等到這三件事的其中一件百分之百完成、有空檔之後再說（萬一某項計畫行不通，也可以乾脆放棄，此時同樣會釋出一個名額。重點不是強迫自己絕對要完成每一件已經開始的事，而是戒掉壞習慣，不再讓擱置一旁、完成一半的計畫數量不斷暴增）。[4]

我讓自己工作的方式出現這個不算太大的改變之後，產生驚人的重大效果。我再也沒辦法無視我能完成的工作量絕對有限，因為每次我從待辦清單挑選一件新的事情來做，加入進行中的三份工作名單，我便不得不想到為了專心做這件事，我得忽視的其他所有事。光是為了進行一丁點的事情，我必須把大部分的工作**永遠**擱在一邊，而且立即完成所有事情，根本是不可能的任務。然而，就因為我被迫以這種方式正視上述的現實，結果我發覺有一股強大的力量讓我完全鎮定下來，生產力反而大勝從前斤斤計較生產力的日子。另一個幸福快樂的結果是，我輕鬆就能把計畫切成一塊塊做得到的分量。我從很久以前，就在理論上認同這種切割法，但一直沒能妥善執行。這下子，我直覺就能辦到：如果我指定的三件進行中的事，其中一件是「寫書」或「搬家」，那麼這件事一次會占住名額好幾個月，我自然會想辦法找出下一個可行步驟。與其試圖什麼都做，還不如接受現實，一天就是只能做幾件事。差別在於這一次，我真的會去做。

原則三是抗拒重要性中等的誘惑。據說這是股神巴菲特（Warren Buffett）的故事，[5]不管真正的源頭是什麼，就如同有智慧的話全是愛因斯坦或佛祖所說，大概也是穿鑿附會。反正有一次，巴菲特的私人駕駛請教他，怎樣才能排定優先順序。我實在很想幫巴菲特回答：「你現在最重要的事就是專心開飛機！」不過顯然這個故事並非發生在飛行途中，因為巴菲特給的建議不是這個。他要駕駛找出人生最重要的二十五件事，接著依序排列，從最重要的排到最不重要的。巴菲特說，在規畫時間時，應該安排好單子上的前五名。至於剩下的二十件事，和駕駛以為會聽到的建議不一樣。據說巴菲特解釋，那二十件事不是重要性居次、有機會就去做的事。錯，錯，錯。事實上，駕駛應該不惜一切代價，努力避免去做那二十件事，因為對那名駕駛而言，那二十個目標沒有重要到構成人生的核心，吸引力卻大到足以讓他分心，以至於沒去做最重要的事。

各位不必真的完全遵照這個故事的建議、列出目標清單（我自己是沒有），也能明白這個故事的重點：在一個有太多大石頭的世界，害你有限的人生以失敗告終，就是那些吸引力中等的大石頭——那些還算有趣的工作機會、還算愉快的友誼。有一則自我成長的建議已經說到爛：大部分的人必須加強說「不」的能力。然而，如同作家伊莉莎白·

吉兒伯特（Elizabeth Gilbert）所言：我們太容易以為這句話只是要我們找到勇氣，拒絕一開始就永遠不會想做的各種瑣事。吉兒伯特解釋，事實上，「這句話真正的意思比那難多了。你需要學著對你**確實**想做的事說不，因為你清楚自己就只有這一世生命。」[6]

完美與動彈不得

如果說高超的時間管理，可說是學習以理想的方式拖延，好好面對自己的有限性，據此作出選擇，那麼**另一種**拖延，通常是試圖迴避事實的結果——不好的拖延害得重要的事情缺乏進展。理想的拖延者接受無法每件事都完成的事實，接著以盡量明智的方式，決定要專心做哪些事、哪些事不做。相較之下，糟糕的拖延者則動彈不得，因為他們無法面對自身的局限。對他們來講，拖延是一種情感上的逃避策略，躲開意識到自己是有限的人類所引發的心理困擾。

我們開始這種對自己有害的拖延時，我們試圖逃避的局限，通常與我們能用手中的時間完成**多少事**完全無關；常見的情況是，我們擔心沒有能力端出品質夠好的工作、擔心其他人不會產生我們想要的回應，或是事情在某方面沒出現我們想要的結果。哲學家科斯蒂卡．布拉達坦（Costica Bradatan）用一則寓言來談這件事。[7] 波斯的設拉子城（Shiraz）有一名建築設計師，設計出全世界最美的清真寺：建築結構令人屏息、原創的設計引發讚歎，但又符合古典的對稱原則。這棟宏偉但不矯飾的建築引發敬畏心，凡是見過設計圖的王公貴族都想買下或偷走那張圖；知名建築商人也懇求這位設計師，將這座清真寺交給他們蓋。然而，設計師卻把自己鎖在書房裡，凝視設計圖三天三夜，接著一把火把它燒了。這位設計師或許是天才，同時也是完美主義者：他想像中的清真寺完美無瑕，一想到實際建造時不免得妥協，他痛苦萬分。即便是最優秀的建築商人，也無法完全忠實重現他的設計圖。此外，他沒辦法讓自己的作品免於時間的摧殘。風吹日曬雨淋、四處掠奪的軍隊，最終將使建築物化為塵埃。若真的蓋出那座清真寺，踏進有限的世界，便表示他必須對抗所有他無法抗衡的事物。最好還是珍藏理想的幻想，也不要屈服於具有種種限制、不可預測的現實。

布拉達坦主張我們拖延重要事務時，通常處於類似的心態。我們看不見或者拒絕接受把點子化為具體存在的東西，因為不論執行得多成功，不免與夢想有落差，畢竟現實和幻想不一樣。在現實的世界，我們無法事事掌控，不可能期望事情會符合我們的完美主義標準，總會因為某種緣故，讓我們創造的事物不完美。我們的才能有限、時間有限，掌控事態與他人行為的程度也有限。這乍聽之下令人沮喪，但著實令人鬆一口氣：如果你遲遲不做某件事，原因是擔心成果不夠理想，那麼你大可放心，因為依照你想像中完美無缺的標準來看，原本就**不可能**做得夠好。那不如就著手進行吧。

此外，這種迴避有限性的拖延，其實不只出現在工作的世界，也是感情世界的主要問題。由於人們拒絕面對有限性，多年卡在沒有結果的關係之中。想聽警世故事的話，可以參考大作家卡夫卡（Franz Kafka）這位史上最糟糕男朋友的故事。[8] 卡夫卡一生最重要的戀愛關係，始於一九一二年布拉格的一個夏夜。當時他二十九歲。一天晚上，他到朋友馬克斯．布羅德（Max Brod）家中吃飯，結識了主人家從柏林來訪的遠親菲莉絲．包爾（Felice Bauer）。菲莉絲獨立自主，任職於德國某家製造商，二十四歲就已經是女強人。她務實的活力，吸引了害羞又神經質的卡夫卡。至於菲莉絲眼中的卡夫卡，我們所知不多，因為只有卡夫卡那一方的說法留存下來。反正卡夫卡感到神魂顛倒，兩人很快便談起戀愛。

至少是藉由通信談起了戀愛：接下來五年，這對情侶通了數百封信，但見面的次數屈指可數，而且每次見面顯然都讓卡夫卡萬分痛苦。距離兩人第一次見面過了七個月後，卡夫卡才終於同意見第二次面，當天早上又發電報說他不去了；最後卡夫卡還是露了面，但表現得像是孤僻的怪人。兩人好不容易訂婚時，菲莉絲的父母舉辦訂婚宴，但卡夫卡在日記裡坦承，參加訂婚宴讓他感到「有如被戴上手銬、腳鐐的囚犯」。不久之後，兩人在柏林某家飯店見面，卡夫卡取消了婚約，但還是繼續通信（就連繼續通信這件事，卡夫卡也猶豫不決。他在一九一三年的信中告訴菲莉絲：「我們確實應該停止寫這麼多信了。」他顯然是在回應菲莉絲的提議：「我昨天甚至開始寫一封信談這件事。明天會寄出。」）。兩年後，兩人再次訂婚，但只維持了一陣子：一九一七年，卡夫卡以罹患肺結核為由，再度取消訂婚，那也是兩人最後一次訂婚。後來，菲莉絲八成是以鬆一口氣的心情，嫁給了一位銀行家，生了兩個孩子，後來搬到美國，創辦一間成功的針織服飾公司，不必再忍受一段惡夢連連、出爾反爾的關係。那場有如永恆夢魘般的戀愛，真是太「卡夫卡」了。

我們很容易會把卡夫卡歸類為「飽受折磨的天才」，覺得跟我們這種凡夫俗子沒什麼關係。事實上，如同評論家莫里斯．迪克斯坦（Morris Dickstein）所言，卡夫卡的「精神官能症和我們的沒什麼不同，沒有比較奇特：只是更強烈、更純粹……〔以及〕受到深深不快樂的個人氣質所影響。多數人永遠不會達到卡夫卡的那種程度。」[9] 卡夫卡和我們這些普通人一樣，抱怨現實帶來的束縛，在「愛」及其他很多事，都極度優柔寡斷，因為他渴望過不只一種生活：卡夫卡想當受人敬重的市民，因此他沒辭掉工作，白天繼續當保險理賠調查員；他希望能和伴侶在婚姻裡擁有親密的關係，代表他得娶菲莉絲；然而，他也想全心投入寫作，不希望被俗事打擾。卡夫卡不只一次在信中告訴菲莉絲，這種掙扎是體內有「兩個自己」在纏鬥——一個他愛她，另一個他全神投入文學，「就連最好的朋友去世，感覺也不過像是一件打擾他工作的事。」

這樣的苦惱程度或許很極端，但內心拉扯的感覺基本上是一樣的。有的人在工作與家庭之間蠟燭兩頭燒；有的人白天必須上班賺錢，但真正想從事的是創意工作；有的人猶豫到底該回老家，還是留在大城市；或是卡在可能相互衝突的兩種生活之間。卡夫卡的回應和我們一樣，他避免去面對問題，把自己和菲莉絲之間的關係限制在當筆友，這樣他就能抓住擁有親密關係生活的可能性不放，但又不會讓這段關係和他的寫作狂熱爭寵。現實生活中的關係勢必得面對這種兩難。人們在試圖逃避有限性背後的意涵時，症狀不一定和卡夫卡一樣是恐懼承諾：有些人表面上確實對一段關係做出承諾，內心卻有所保留，沒有投入全部的情感。有的人多年處於乏味的婚姻裡，應該離開卻沒離開，因為他們希望保留可能性，或許有一天這段關係會開花結果，若真要放棄，未來也隨時可以離開。然而，這基本上依舊是在逃避。有一次，語氣聽上去很絕望的菲莉絲，建議未婚夫試著「多活在真實的世界裡」。然而，那正是卡夫卡試圖逃避的東西。

距離巴黎六百哩之處，在卡夫卡遇見菲莉絲二十年後，法國哲學家伯格森（Henri Bergson）在他的著作《時間與自由意志》(*Time and Free Will*)中挖掘卡夫卡的核心問題。伯格森寫道，我們總是偏向猶豫不決，避免選定單一道路後，就堅持走下去，因為「我們依據個人喜好打造的未來，感覺上五花八門，每一種好像都很吸引人，每一種似乎都有可能發生」。[10] 換句話說，以我為例的話，我很容易幻想把人生花在成為業界的閃亮明星，同時做個好爸爸、好丈夫，還可以投入馬拉松訓練，進行長時間的禪修，或是在社區當義工——只要我單純在幻想，我可以想像這些事能同時順利進行。然而，我一旦試著**過**那樣的生活，就會被迫做出取捨。只有在其中一個領域所花的時間少於我希望的程度，才能挪出空檔從事其他活動。此外，我勢必要接受，我所做的事沒有一件會完美進行，結果就是相較於幻想中的人生，我實際過的生活不免令人失望。「未來這個概念，充滿無限的可能性，因此比未來本身還要結實纍纍。」伯格森寫道：「這就是為什麼我們渴望的東西，總是比真正擁有的東西還美好，夢想比現實更有魅力。」[11] 這段看似令人沮喪的話，其實再次讓人鬆一口氣。由於每一個決定如何在真實世界過生活的選擇，不免伴隨著無法過其他無數種的生活，我們也就沒理由拖延或抗拒承諾，焦慮地期待還能避免失去其他的人生可能性。但無論如何你都失去了，這是釘在鐵板上的事——不用掙扎真美好。

最後還是得定下來

說到這裡，得提醒大家一件事。我為數不多、但完全有自信提供給大家的一項約會建議，便是：你要「定下來」。事實上，這項建議也適用人生其他每一個領域。定下來是現代相當常見的恐懼。你可能得決定就是這個人了，但對方其實不是你的理想型，根本配不上你（職涯版的相同煩惱是必須「將就」某份工作，讓你付帳單，卻不足以教你熱情地全心投入）。成千上萬的雜誌文章與 Instagram 勵志迷因，都提過一個廣為流傳的觀點：將就是一種錯。然而，這個流行觀點是錯的。你絕對應該將就。

講得更明確一點，你別無選擇。你**就是會**定下來，而且這對你來說是好消息。美國政治理論家羅伯特．古丁（Robert Goodin）曾經就這個主題，寫下一整本專書《論將就》（*On Settling*）。古丁首先指出，我們在定義「將就」時標準不一。每個人似乎都同意，如果你展開一段關係是在騎驢找馬，那麼你犯了將就的錯，因為你把人生的一部分時間，花在不是那麼理想的另一半。然而，既然時間是有限的，**拒絕**將就，花上十年時間，在約會網站上苦苦尋覓，希望找到完美對象，其實也是一種將就，因為你選擇耗費你有限時間裡的十年，處於另一種不是那麼理想的情境。此外，古丁指出，我們一般會把「將就」和他所說的「奮鬥」（striving）的人生拿來對比，也就是活出最圓滿的人生。然而，這種對照也是一種錯，不只是我們不免得將就，也因為要活出最圓滿的人生，你**必須**將就。「為了讓奮鬥稱得上是奮鬥，你必須以相當持久的方式，不斷將就於某件將成為你的奮鬥目標的事。」[12]古丁寫道：你不可能成為超級成功的律師、藝術家或政治家，除非你先「將就」待在法律、藝術或政治的領域，連帶決定放棄其他職涯的潛在報酬。如果你每一個領域都東沾一點、西沾一點，你不會在任何領域成功。同理，戀愛關係是不可能真正圓滿的，除非你願意至少有一陣子認定一段關係，即便那段關係有各種不完美之處。也就是說，你必須抗拒誘惑，不去想外頭有無數更好的人選。

不用說，我們很少以這樣的智慧來對待感情。我們有許多年都不曾全心投入任何一段關係——一旦要定下來就找藉口分手，或是不論談哪段感情都不太認真。另外還有一種模式，每個有經驗的心理治療師都碰過好幾百遍：我們的確做了承諾，但過了三、四年就想喊停，認定這段關係走不下去了，控訴另一方心理有問題，或是兩人就是沒有想像中般配。有時這兩種理由可能是實情;人們談戀愛時(在其他領域也一樣),的確會做出驚人的糟糕決定。不過,真正的問題往往是,另一個人也是人。換句話說,你們的關係會碰上問題,不是因為你的另一半特別有問題,也不是因為你們兩人不合適,只不過是你終於注意到,你的另一半所有(難免)有局限的地方,和你的幻想世界一對照,讓你感到非常失望。幻想世界裡,沒有現實中的那些條條框框與出乎意料的事。

哲學家伯格森談及未來時指出,未來的吸引力大過現在,原因是你可以沉溺於對未來的各種期待,即便你希望的事物相互矛盾。這一點其實也可以套用在幻想中的戀愛對象。我們幻想出一堆特質,但是在真實的世界裡,不可能同一個人同時擁有那些特質。舉例來說,很常見的狀況是談戀愛時,你下意識希望對方能帶給你無窮的安全感,但也要帶來無限的興奮感。然後,沒發生這種事的時候,你便假設問題出在對方身上,想著或許外頭有人同時具備這兩種特質,自己應該去尋找那個人。然而,實際情況是你的要求自相矛盾。源源不絕帶來刺激感的人,一般來講不會是可靠的安定感來源。你希望在真人身上同時找到這兩種特質的荒謬程度,並不亞於夢想另一半的身高同時是一八〇與一五〇。

此外,你不僅應該將就;理想上,你還應該以難以脫身的方式讓自己將就,例如同居或結婚生子。我們做出很多事來避免面對有限性，好讓自己一直相信有可能不必在互斥的選項中選擇一個，但諷刺的是，等你用不太有回頭路的方式終於**做出**選擇時，你通常會變得更快樂。我們為了不要斷了自己的後路，幾乎什麼都願意做，一直活在幻想裡，徜徉於那個不受限的未來。然而，破釜沉舟之後，我們一般都會很開心做了一個了斷。哈佛大學的社會心理學家丹尼爾．吉爾伯（Daniel Gilbert）與研究同仁做過一個實驗，讓數百人免費挑一張藝術海報帶走，接著將受試者分為兩組。第一組被告知，可以在一個月內改挑另一張海報；第二組則被告知選了就是選了，不能換。在後續的追蹤調查中，選了不能換的那一組不會猶豫不決，盤算著或許還能做更好的選擇——這群人對於自己選定的藝術作品，顯然滿意度較高。[13]

我們其實不需要心理學家也能證實這一點。吉爾伯的研究發現深植於無數的文化傳統裡，最明顯的例子是婚姻。結婚的雙方承諾禍福與共，不會大難來時各自飛。結婚的人做的這個約定，不僅能協助雙方撐過困難時刻，也會讓美好時光更令人滿足，因為全心投入某個有限制的作法後，就比較不可能把時間花在渴望夢中情人。結婚的伴侶一旦有自覺地做出了承諾，便斬斷擁有無限可能性的幻想，享受到前一章提過的「錯過的喜悅」：他們體會到放棄其他選項後，自己當初的選擇有了意義。這也是為什麼去做你一直害怕或拖延的事情，將帶來意想不到的海闊天空，例如：終於提出辭呈、生小孩、處理惡化的家庭議題或簽約買房子。你再也無法回頭的時候，焦慮會消失，因為現在只有一個方向可走：你要前進，走向你的選擇帶來的結果。

5 西瓜問題

注意力就是生活：你活著的體驗，就是你付出注意力的每一件事的總和。在你人生的終點回首從前，每一刻抓住你注意力的東西，就是你活過的人生。

二〇一六年四月的一個星期五，正當那年兩極化的美國總統選舉愈演愈烈，全球各地出現超過三十起武裝衝突，大約有三百萬人看著 BuzzFeed 網路新聞的兩名記者，用橡皮筋捆住一顆西瓜。在超級冗長的四十三分鐘之中，壓力逐漸增大——包括觀眾的心理壓力，以及西瓜承受橡皮筋帶來的物理壓力。到了第四十四分鐘、捆上第六百八十六條橡皮筋時，發生的事不令人意外：那顆西瓜爆了開來，噴得到處都是。兩位記者擊掌慶祝，抹去反光護目鏡上的西瓜渣，吃起西瓜。直播結束了。地球依舊在軌道上繞著太陽旋轉。[1]

我在這裡提這件事，不是為了暗示把你一天中的四十四分鐘，花在上網盯著一顆西瓜看，有什麼值得羞愧的地方。相反地，有鑑於二〇一六年以降網路生活的走向，隨著酸民與新納粹開始擠走突擊問答與貓咪影片，永無止境的負面新聞帶來絕望的迷霧，社群媒體逐漸成為一種「末日刷新」活動（doomscrolling，譯註：反覆更新頁面，接收壞消息，沉浸於負面情緒）。在這種時刻，這場BuzzFeed的西瓜惡搞，已經感覺像是快樂年代的陳年往事。然而，這件事值得一提的原因，在於大家假裝集體看不見一個問題。到目前為止，我一直在談的關於時間與時間管理的每一件事，都與那個問題有關。那個問題就是分心，畢竟如果你的注意力，日復一日被你不曾想要關注的事拉走，那麼不論你有多想善用有限的時間，全是空談。我很肯定那三百萬看直播的人，那天早上醒來時，沒想到要把人生的一段時間拿去看一顆西瓜爆炸；事情真的發生的時候，他們也不一定感到自己是自由地**選擇**要那麼做。「我想停下來別看了，但已經看了這麼久。」[2]臉書上典型的懊惱回應如是說。「我看著你們把橡皮筋捆在一顆西瓜上四十分鐘。」[3]另一個人寫道：「我的人生到底在幹什麼？」

此外，這則西瓜故事提醒我們，在這個年代，分心與「數位分心」已經幾乎是同義詞：我們試著要專心，網路卻來搞破壞。不過，這是個誤解。至少從古希臘時代起，哲學家就已經為分心感到憂心。他們認為分心的問題，比較不在於外在的干擾，而是性格問題——內心號稱自己最重視某件事，卻永遠不把時間用在那上面。哲學家嚴肅看待分心問題的原因很簡單，我們也該和他們一樣嚴肅以對，因為你的注意力放在哪些事物上，那些事物將定義你的現實。

即便是花很多時間憂心現代「分心危機」的評論者，也鮮少全盤掌握分心隱藏的意涵。舉例來說，你會聽到有的人說，注意力是一種「有限的資源」。注意力確實是有限的：依據心理學家提摩西．威爾森（Timothy Wilson）的計算，任一時刻自四面八方轟炸大腦的資訊，我們只有能力有意識地專注於其中的〇．〇〇〇四％。[4] 然而，把注意力說成是一種「資源」，其實未能明白注意力在我們的生活中扮演多核心的角色。我們每個人仰賴的其他資源如食物、金錢、電力等，大都是讓生活更**便利**的事物，有時就算少了也能活下去，至少忍耐一陣子沒問題。注意力則不一樣，注意力**就是**生活：你活著的體驗，就是你付出注意力的每一件事的總和。在你人生的終點回首從前，每一刻抓住你注意力的東西，就是你活過的人生。所以說，這不是誇大其詞：當你把注意力放在你不是特別重視的事情上，你付出的代價就是你的生命。從這個角度來看，「分心」不一定是指一時沒能集中注意力，比如你在完成該做的工作時，被新簡訊的通知聲吸引，或是忍不住去看聳人聽聞的新聞報導。其實，工作本身可能就是一種分心——你投入一部分注意力在工作上，連帶也把你的人生用在這件和其他選項比起來較沒意義的事情上。

這也是為什麼哲學家塞內卡在《論生命之短暫》中，嚴厲批評與他同時代的羅馬同胞，追求他們不是真心在乎的政治生涯，舉辦他們沒有特別享受的盛宴，或是單純「在太陽底下烘烤自己的身體」：[5]那些人似乎不瞭解，從事這些消遣活動是在浪費生命。這裡的塞內卡聽起來像是討厭娛樂的老古板，曬曬太陽到底有什麼不對？老實講，我猜塞內卡大概就是那種老頭子，但不論是躺在沙灘上或是逛BuzzFeed，重點都不在於把時間用於放鬆有什麼不對。關鍵在於分心的人其實沒做出選擇。他們的注意力被霸占，而幕後的黑手根本沒把他們的最高利益放在心上。

今日我們經常聽到，面對不斷分心的狀況時，我們該做的是讓自己不可能分心：我們必須掌握「全神貫注」的訣竅。相關建議通常要我們冥想，安裝讓自己無法上網的app，購買昂貴的抗噪耳機，然後多做一點冥想，徹底打贏這場注意力的戰爭。然而，這是一個陷阱。當你的目標是以這種程度掌控你的注意力，你是以錯誤的方式處理人類的局限。你時間有限，因此必須好好利用時間，但你用的方法是否認人類的另一個局限：完全掌控自己的注意力幾乎是不可能的事。在任何情形下，百分之百操控自己的注意力其實並非好事。如果外界的力量無法違反你的意願，至少霸占一絲的注意力，你將無法躲開迎面而來的巴士，或是聽見家中嬰兒身體不舒服。此外，分心的好處不限於緊急狀況；同樣的現象讓你的注意力被美麗的夕陽吸引，或是瞄到有陌生人走過房間。這種分心明顯帶來的生存優勢，解釋我們人類為何以那樣的方式演化。舊石器時代的獵人與採集者，不論喜不喜歡，樹叢裡的沙沙聲就是會引起他們的注意；相較於意識清醒地決定要去留意聲響、才聽見沙沙聲，前者活下來的機率遠遠較高。

神經科學家稱這種現象為「由下而上的注意力」或「非自主性的注意力」（involuntary attention）。我們的生存少不了這樣的機制。然而，有能力對自己的注意力施展一定程度的影響力（「由上而下」或自主性注意力），差別將是美好人生或地獄人生。經典的極端例子是奧地利心理治療師、《活出意義來》（*Man's Search for Meaning*）的作者維克多・弗蘭克（Viktor Frankl）。[6]弗蘭克被囚禁在奧斯威辛集中營時能夠不絕望，原因是他有能力把部分注意力導向集中營獄卒無法侵犯的唯一領域：他的內心生活。弗蘭克因此能施展一定的自主權，抗拒威脅將他降為動物的外界壓力。然而，這令人振奮的事實的另一面就是，如果你無法隨心所欲引導部分的注意力，即便是條件遠勝過集中營的生活，依舊可能令人感到相當無意義；畢竟要擁有任何有意義的體驗，必須專注於那項體驗，至少要挪出一點注意力。否則的話，你真的**擁有**那段體驗嗎？你能擁有你沒體驗過的經驗嗎？如果你心不在焉，在米其林星級餐廳吃的上好美食，可能和一盤速食乾麵沒什麼區別；面對不曾真心投入的友誼，就只能當名義上的朋友。詩人瑪麗・奧利弗（Mary Oliver）寫道：「注意力是奉獻之始。」[7]這句話點出分心與關心是不相容的：除非你能先把注意力持續放在你要奉獻的事物上，要不然你不可能真正愛著另一半或孩子，不可能把自己奉獻給職涯或遠大的目標，甚至連單純享受在公園裡散步都不可能。

把你的人生當韭菜割的機器

剛才提到的一切，解釋為什麼當代的線上「注意力經濟」，令人感到大事不妙。近年來這個名詞很紅，基本上是指有一台巨大的機器，說服你把注意力放在錯誤的選擇上，因此你交出有限的生命，關心你根本不想關心的事。此外，你掌控自身注意力的能力太過薄弱，甚至身不由己地無法下定決心不要屈服於這台機器的誘惑。

我們許多人已然熟悉整個情況是怎麼一回事。我們知道我們使用的「免費」社群媒體平台，其實不是免費的，因為正如相關理論所言，你不是顧客，你是被販售的產品：

換句話說，科技公司的獲利來自擄獲我們的注意力，接著賣給廣告客戶。此外，我們至少模糊地意識到智慧型手機追蹤我們的一舉一動，記錄我們如何滑手機和點選螢幕、我們停下來看哪些東西，哪些則略過。蒐集好數據後，就有辦法提供我們最可能被吸引的內容——通常是最令我們感到憤怒或恐懼的事。從平台擁有者的角度來看，社群媒體上所有的爭執、假新聞與公審都不是缺點，而是商業模式中不可或缺的一環。

你可能也注意到，這一切是藉由「說服式設計」（persuasive design）辦到的——說服式設計指的是各式各樣的心理技巧，直接借自賭場吃角子老虎機的設計者，專門用來鼓勵強迫性的行為。在數百起例子之中，有一項是無所不在、往下拉就能刷新頁面的手勢。這個讓人們不斷滑手機的功能，利用一種「不定期出現獎勵」的現象：當你無法預測更新頁面時會不會有新文章可讀，就更有可能一試再試、反覆更新，這跟吃角子老虎機的拉霸如出一轍。羅傑·麥克納米（Roger McNamee）原本是臉書投資人，後來轉成批評者。他主張這一整套系統達到一定程度的無情效率後，所謂的使用者是「被賣掉的產品」就不再適用；畢竟企業對待自家產品，一般都有動力給予起碼的尊重，但有些企業對待用戶可不是那麼回事。麥克納米主張，更貼切的類比是我們是燃料：我們是被扔進矽谷火爐的木材。我們是非人的注意力庫，等著被無情利用，直到耗盡。[8]

然而，我們很少意識到分心的影響有多深。我們努力以自己想要的方式運用有限的時間，只是分心讓我們徒勞無功。你一個不小心在臉書上亂逛了一小時後，你會以為，從浪費時間的角度來看，上臉書造成的傷害只是沒能好好利用那一小時。這情有可原，但是你錯了。由於注意力經濟的設計是優先呈現最引人注目的內容，而不是最真實或最實用的內容，我們腦中的世界觀隨時被有系統地扭曲，影響我們感到哪些事情重要、面臨什麼樣的威脅、政治立場與我們對立的人有多可惡，以及成千上萬的其他事。我們的判斷被扭曲後，也影響我們如何分配線下的時間。舉例來說，即便實情根本不是如此，如果社群媒體讓你相信，暴力犯罪在你的城市非常嚴重，你走在路上會不必要地感到恐懼，待在家裡，不敢出門，避免和陌生人互動。此外，你還會投票給蠱惑民心、政見是大力打擊犯罪的政客。如果是意識形態與你相左的人，你在網路上永遠只看見他們最糟糕的行為，你很容易假設政治立場與你不同的家人，一定也和那些無可救藥的人差不多，於是你很難與家人維持關係。所以說，我們手裡拿的電子裝置的問題，不只是讓我們沒能專心做更重要的事，更從根本上改變我們如何定義「重要的事」。套用哲學家哈里．法蘭克福（Harry Frankfurt）的話來講，手機等裝置讓我們無法「渴望我們渴望自己去渴望的事。」9

我自己大概是個好例子。我有段不堪的過往，不過我猜我只是典型的一般人。我曾經對推特成癮，不過即便在我依賴推特的高峰期（我現在正在戒），我黏在螢幕前的時間，一天也很少超過兩小時。然而，推特占據我注意力的程度，遠遠不只是兩小時的問題而已。我關掉 app 好一陣子之後，在健身房的跑步機上氣喘吁吁或是替晚餐切蘿蔔時，滿腦子還是那天稍早有夠倒楣，和網路上碰到的某個發表錯誤高見的白痴，來了一場唇槍舌戰（當然，那不是我運氣差；演算法是刻意給我看那些文章，因為演算法早就知道什麼言論能激怒我）。又或者，我剛出生的兒子做了一件可愛的事，我立刻想到的是要如何在推特上講這件事，彷彿重要的不是我剛才的體驗，而是我要當一名優秀的推特內容提供者（還是無償！）。此外，我清楚記得有一次，我走在蘇格蘭的海灘上，海風吹來，太陽開始西下，此時我體驗到「說服式設計」特別惱人的副作用：當你參與的活動**未經過**專業心理學家團隊的精心設計，確保你的注意力永遠不會跑掉，你便開始感到坐立難安。我在社群媒體上看過的所有東西，也比不上夕陽下亂風吹拂的蘇格蘭海灘，但社群媒體上的畫面經過操縱，隨時配合我的興趣，不斷對我發揮心理作用，牢牢抓住我的注意力，也難怪線下的真實世界有時無法媲美。

在此同時，我在網路上認識的那個無可救藥的世界，開始滲透進實體世界。我不可能不飲用「推特消防水帶」輸送過來的憤怒與痛苦。那些黑色情緒來自特別篩選給我看的新聞與民眾看法，而那些內容被挑中就是因為聳人聽聞，令人忍不住想看。我們開始把非常態**當成**常態，隨時準備面對衝突或災難，心中隱約有著不祥的預感。也難怪這些東西很少是充實的一天的基礎。更麻煩的是，由於注意力特有的問題是注意力很難自我監測，你對生活的看法開始朝這種陰鬱的方向轉變時，根本很難留意到。你只能靠著自己的注意力，去留意你的注意力發生了什麼事，但你的注意力已然被霸占。也就是說，一旦注意力經濟讓你分心、憤怒或緊張到一定程度，你很容易以為現代生活一定就是這樣。套用詩人艾略特（T. S. Eliot）的話，我們「因為分心，無暇顧及分心的問題而一再分心」。[10]令人不安的是，如果你相信這一切對你來說都不是問題，社群媒體**沒有**讓你變得更易怒、缺乏同理心、焦慮或麻木不仁，或許是因為你早已變成那樣的人。你有限的時間被挪用了，但你沒有發現任何的不對勁。

不用說，事情已經明顯這樣好一陣子了，這構成政治上的非常時刻。社群媒體把我們不支持的那一方描繪成不可理喻，把我們劃分成敵意重重的不同陣營，接著看誰能對另一陣營拋出最誇張的譴責言論，再用「讚」和「分享」獎勵我們，加深惡性循環，無法理性討論。與此同時，我們痛苦地發現無恥的政客可以打敗對手，更別提輕鬆撂倒記者的事實審查能力，只需引發一波接一波的憤怒，讓全國的注意力頻寬爆掉就可以了。於是，每出現一樁新的醜聞，蓋掉了上一樁，民眾的注意又再度轉移。任何人只要回應或轉推，即便用意是譴責煽動仇恨的行為，反而用關注獎勵了這樣的行為，進而協助傳播仇恨。

科技評論家崔斯坦．哈里斯（Tristan Harris）很喜歡講一句話。他說每次你打開社群媒體 app，「螢幕的另一頭就有一千人」拿到錢，負責留住你。[11]因此，期待用戶光靠著意志力，就能抗拒對他們時間與注意力的攻擊，實在不切實際。政治危機需要政治的解決方法。然而，從最深的層面來理解分心，我們也得面對一項最基本的尷尬事實：我們其實不該說自己受到了「攻擊」，因為攻擊帶有不請自來的意涵。矽谷自然脫不了罪，但我們也應該誠實以對：我們很多時候是自願分心。我們內心有一個聲音想要分心，不論是藉由數位裝置或任何東西都好，我們**不想**把人生花在自認最重視的事物上。在背後從中作梗的人，其實就是我們自己。當我們努力運用有限的生命，這是最會暗中為害的障礙，因此我們要來好好研究一下。

6 敵人就在本能寺

當你試著專心做你認為重要的事，你是在被迫面對自身的極限。那個體驗特別令人不舒服的地方，就在於你非常重視手上的任務。

你如果曾在一九六九年的冬季月份，走在日本南端的紀伊山脈，你可能見過令人目瞪口呆的一幕：一個蒼白瘦弱的美國人渾身赤裸，從大型木頭水槽中取出半結冰的水，澆在自己頭上。這個人的名字是史蒂夫·楊（Steve Young），他正在受訓成為佛教真言宗的僧侶，但目前為止只遭受到一連串的羞辱。高野山的住持起初拒絕讓他入門。這傢伙到底是幹什麼的？一個高高瘦瘦、就讀於亞洲研究博士班的白人，到底為什麼會決定在日本當和尚？楊糾纏了一陣子後，被准許留下，但交換條件是他必須替寺裡做各種雜役，例如掃走廊和洗盤子。好了，現在他獲准展開百日的閉關修行，踏出僧侶之路的第一步，結果發現他必須住在沒有暖氣的小屋裡，一日進行三次淨化儀式。楊從小在氣候宜人的加州海邊長大，如今卻必須把自己浸在數加侖刺骨的融雪中。多年後，他回憶那是「恐怖的考驗」，「天氣凍到水一碰地就結成冰，毛巾在你手上凍住，也就是說你是赤腳在冰上滑行，試著用結凍的小毛巾擦乾身體。」[1]

大部分的人面對肉體上的痛苦時，即便不舒服的程度比楊的遭遇輕一百倍，他們的直覺反應都是試著不要去想，把注意力放在別的事情上。舉例來說，如果你和我一樣有點害怕皮下注射，你大概會死盯著醫生診所擺設的平庸藝術品，不去想等一下針會刺進身體。楊最初的直覺也一樣：刺骨的冰水碰到皮膚時，他的內心縮起來，試著想其他事，或是完全靠意志力試著不感到冷。這算不上不理性的反應：專注於當下的體驗太不舒服的時候，把思緒抽離眼前的情境是可以緩解痛苦。

然而，當一陣又一陣刺骨的冰水澆下來時，楊開始明白這是再錯誤不過的策略。事實上，他愈是專注於刺骨的冰冷感受，盡其所能觀照那個感受，痛苦的程度就愈低。反倒是「他的注意力一跑掉，那種折磨就變得無法忍受」。過了幾天之後，楊每次做淨身儀式時都做好準備，盡量專注於當下的體驗，這樣一來，當水淋下來，就能避免從微微不舒服一路上升到極度痛苦。楊逐漸明白，自己是這場儀式唯一的重點。雖然傳統的佛教僧侶絕不會這樣解釋，楊指出這是一種「大型的生物反饋設計」，只要他能保持不分心，就提供獎勵（痛苦程度下降），以訓練他專注。每當注意力跑掉，則懲罰他（痛苦程度增加）。楊自從開始修行後，發現自己的專注能力變得很不一樣。他今日是一位冥想導師，更為人所知的名字是楊真善（Shinzen Young），由高野山的住持賜名。只要在當下保持專注，不僅更能夠忍受冰水儀式的痛苦，不那麼愉快的工作也會變得引人入勝。每天要幹的活，先前或許不是痛苦的來源，但也令人感到無聊或枯燥。楊愈能夠把注意力集中在當下的任何體驗，就愈明白問題不在於活動本身，而是他的內心深處在抗拒體驗那件事。當他不再壓抑那些感受，改而觀照，不舒服就會消失。

楊接受的考驗說明了我們屈服於分心會發生什麼事：我們會試圖逃離當下體驗所帶來的痛苦。當痛苦是肉體上的痛苦，這一點很明顯，譬如冰水澆在赤裸的皮膚上、在醫生診所打流感疫苗等等。難熬的感受太難忽視，需要費點力氣才能轉移注意力。然而，日常的分心就算較不明顯，也是一樣。極其典型的例子是工作時被社群媒體吸走注意力：實際情況通常不是當你坐在那兒專注地處理手中的事物，注意力違抗你的意願被吸走。老實講，你很想找個藉口不要做手上的事，再小的藉口都可以，因為你想要逃避手上工作不愉快的感覺；你偷偷查看推特上的論戰或名人八卦網站。此時，你感受到的不是不情願，而是鬆一口氣。據說現在正在上演「爭奪我們的注意力的戰爭」，矽谷正在侵略我們。然而，在這場戰爭的戰場上，我們扮演的角色通常是通敵者。

詩人瑪麗．奧利弗稱這種想要分心的內在渴望為「內在的打擾者」（the intimate interrupter）[2]：「自我中的自我，那個吹口哨敲門板的自我。」[3]那一個自我向你保證，只要你把注意力從手中有意義、但具備挑戰性的任務，轉移到瀏覽器上按一下就會出現的任何東西，你就會過著更輕鬆的人生。作家葛瑞奇提到自己經歷過相同的衝動：「有一件事令我感到困惑。很多時候，需要做的事，我大部分都不想做，而且不只是刷馬桶或處理退稅那種麻煩的瑣事，而是我真心渴望完成的事。」[4]

重要之事帶來的不適感

這裡值得停一下，留意這個確實很奇怪的現象。專心做我們自認在人生中想做的重要事情，到底為什麼會讓人感到不自在？我們居然為了逃避，跑去做令人分心之事，即便我們**不想**把人生浪費在那上頭？有的工作確實令人很不愉快或者想到就怕，想逃避很正常，不過更常見的問題是無聊，而且通常我們說不出為什麼會出現那種感受。當你下定決心要做一件事，那件事很重要、應該要做，但突然間那件事卻令你感到沉悶到無以復加，多做一秒也無法忍受。

這個謎題的答案聽上去很戲劇化，然而，每當我們任由自己分心，就是試圖逃避面對自身有限性的痛苦。人類的困境是時間有限，尤其以分心這件事來講，我們不僅時間有限，甚至不太能掌控那有限的時間，無從確知事情最後的結果（只有一件極度不愉快的事是確定的：有一天死亡會終止一切）。當你試著專心做你認為重要的事，你是在被迫面對自身的極限。那個體驗特別令人不舒服的地方，就在於你非常重視手上的任務。設拉子的建築設計師可以拒絕將他理想中的清真寺，帶到這個時光會流逝的缺憾世界，但是你和他不同，你不得不放棄仙境般的幻想，感到無力掌控自己在乎的事物。也許是你高度重視的創意計畫超出了能力範圍；有可能是讓你鐵了心的難解婚姻問題，將引發激烈的爭吵。即便最後一切圓滿落幕，你也無法事先得知是否會順利進行，因此你依然得放棄能夠主宰時間的感受。這裡再次引用心理治療師蒂夫特的話，你必須讓自己冒險，「經歷有如幽閉恐懼症、被現實困住、禁錮、無能為力的感受。」[5]

這就是為什麼無聊出乎意料地令人強烈不舒服：我們一般認為無聊只是出於手上的事情不夠有趣。然而事實上，面對自己有限的控制力是極度不舒服的體驗，進而引發無聊這種強烈的反應。無聊感會在五花八門的情境冒出來，例如：當你在執行一項大型計畫；當你想不出週日下午可以做什麼；當你必須連續五小時照顧一個兩歲大的小孩。不過，無聊的情境有一個共通的特點：你被迫面對自己的有限性，不得不處理現在這一刻出現的體驗，不得不接受事實**就是這樣**。

也難怪我們會在網路上尋找可以分心的樂子，彷彿毫無限制。套用評論家詹姆斯・杜斯特伯格（James Duesterberg）的話，你瞬間就能得知隔著一個大陸的地方發生了什麼事，以任何你想要的方式呈現自己，還能一直往下拉，滑過無止境的新消息，遊蕩在「空間不重要、時間一路延伸到永無止境的現在的世界」。[6] 的確，今日在網路上殺時間，通常不會**好玩**到哪裡去。其實也不需要有趣，只需要讓你感到不受限，就足以減輕有限性引發的痛苦。

從這個角度來看，我們更能夠明白，為什麼打敗分心的常見策略很少發揮作用，至少效果無法持久，例如：數位排毒、規定自己哪些時間可以收信等等。那些方法限制你接觸用來平息分心衝動的東西。碰上最令人成癮的科技形式時，這麼做確實有道理。然而，那些方法並未解決衝動本身。就算你戒掉臉書，工作日不准自己碰社群媒體，或是跑到深山小木屋裡住一陣子，你多半仍舊會感到把注意力放在重要的事情上，會讓你覺得被困住，所以你想辦法讓自己分心，以減輕那種被綁住的痛苦：你做起了白日夢，即使不累也睡午覺，或是做起生產力狂喜歡做的事，像是重新設計待辦事項清單，以及再度整理桌面。

說到底，重點在於我們眼中「造成分心的事物」，其實不是我們分心的根源，只是我們紓解情緒的工具，好排解面對限制所引發的不適感。我們很難專心和另一半對話，不是因為你偷偷在餐桌下看手機，應該反過來講才對。你之所以「偷偷在餐桌下看手機」，**原因**是你很難專注於對話——因為聆聽需要花力氣、有耐性、願意配合對方，也因為你聽到的訊息有可能讓你不舒服，所以看手機自然讓你比較開心。所以說，就算你把手機擺在拿不到的地方，你八成也會想出其他辦法避免付出注意力。在對話的情境裡，一般你會在心中預演，等對方的嘴巴不再發出聲音之後，自己接下來要說什麼。

我也希望講到這裡，就能揭曉消除分心衝動的祕訣——如何以持久的方式，把注意力放在你重視或無法輕易選擇不要做的事物上，卻不會感到不開心。不過老實講，我不認為世上有這種祕訣。削弱分心的力量最有效的方法，就是不再期待事情會有所不同，也就是接受人會感到不愉快的原因：我們凡人投入挑戰性高的重要事務時，將被迫面對自己的力量有限，無法控制人生會發生什麼事。

然而，接受沒有任何解法**也是**一種解法，畢竟楊在山上發現的事，就是唯有他接受自身處境，痛苦才會褪去：他不再抵抗事實，全心感受冰水澆在皮膚上的感覺。楊愈是不把注意力放在對抗發生在自己身上的事，就愈能專注於當下。我的專注力或許沒有楊那麼強，但我感到道理是相通的。若要靜下心來處理困難的計畫，或是面對無聊的週日午後，方法不是追求寧靜或專注的感受，而是體認到煩躁的感覺勢不可免，將注意力放在眼前的現實狀態，而不是叫苦連天。

有些禪宗信徒認為，人類所有的痛苦都可歸結於，我們抗拒將全部的注意力擺在事情的走向，因為我們希望朝不同的方向發展（「不該發生這種事才對！」），或者我們希望進一步掌控過程。[7]當你明白身為有限的人類，有些事情就是逃不了。你接受之後，反而雨過天晴。你無法支配事情的走向，但矛盾的是，一旦你接受現實的限制，你獲得獎勵的是不再感到那麼受限。

第 2 部

人 力 所 不 能 及

7 我們不曾真正擁有時間

我們擁有時間的那個「有」，不同於擁有皮夾裡的錢或腳上的鞋子。我們宣稱擁有時間，真正的意思是我們預期擁有。

認知科學家霍夫士達特（Douglas Hofstadter，又譯侯世達）有許多出名的事蹟，其中一項是他提出「霍夫士達特定律」：你計畫做的任何事，花的時間永遠比預期中還長。[1]換句話說，即便你知道某項計畫大概會超出預定的時間，你也調整過時間表，所需的時間依然會超出你新評估的完成時間。因此，如果聽從標準的規畫建議（你認為需要多少時間，就安排雙倍的時間），事情反而會更糟。舉例來說，你可能充分意識到自己容易做出不切實際的假設，以為跑完每家店、完成每週的採買，只需要一小時。然而，如果你因為**知道**自己的估算通常過度樂觀，改成預留兩小時，你可能會花上兩小時半才買完東西（碰上大規模的計畫時，這種效應更為明顯：澳洲新南威爾斯的政府因為太清楚大型建設計畫一般無法如期完工，於是規畫看似充裕的四年時間建造雪梨歌劇院，結果花了整整十四年才蓋好，成本超過初始預算的十四倍）。當然，霍夫士達特只是半開玩笑，但我對他提出的這條定律向來有點不安，因為如果是真的（以我的經驗來說，似乎絕對如此），那代表一件非常奇怪的事：由於某種原因，我們試圖規畫的活動會積極地反抗我們，不肯照我們的計畫走，彷彿努力規畫的嘗試不僅會失敗，還會讓事情耗得更久。現實似乎會反擊，憤怒之神決定提醒我們，不論我們在時間表中預留多少時間，乞求上蒼讓我們成功，不可能就是不可能。

老實講，這種事困擾我的程度，大概多過大部分的人，因為我來自一個可說是有規畫強迫症的家族。我們家會井井有條規畫一切，能提前多少時間，就提前多少時間，一一安排好事情要如何進行。此外，被迫和認為船到橋頭自然直的人協調時，我家的人會坐立難安，杞人憂天。我和太太每年要是六月底才第一次接到我父母的電話，問我們聖誕節如何安排，已經算是走運；此外，我從小接受的教育是，如果沒有提前在預定出發與入住時間的四個月之前訂好機票或旅館，這種人過的生活簡直不可理喻。我們家度假時，絕對會因為太早出門，在機場至少等上三小時，或是在火車站等一小時（《洋蔥報》

（*The Onion*）的新聞標題〈爸建議我們提前十四小時抵達機場〉（Dad Suggests Arriving at Airport 14 Hours Early），這靈感顯然取自我的童年）。[2]這一切讓我小的時候感到很煩，今日也依舊讓我暴躁。我尤其想抓狂的地方是我太清楚自己也是這種人。

我家會這樣其來有自。我祖母是猶太人。希特勒一九三三年上台時她九歲，住在柏林。十五歲時，祖母的繼父看到碎玻璃之夜（Kristallnacht，譯註：納粹有組織地屠殺猶太人的開端）的殘骸後，終於計畫帶家人前往漢堡，搭乘曼哈頓號（SS Manhattan）抵達英格蘭的南安普敦（我有一次聽說，當時船上的乘客在甲板上開香檳，不過是等到確認船已經離開德國水域後才開）。祖母自己的祖母，也就是我的曾曾祖母沒能離開，後來死於特雷津集中營（Theresienstadt）。不難看出，一個在二戰前夕抵達倫敦的德國猶太少女為何堅定不移地認為，如果不把每一件事都安排得妥妥當當，你和你愛的人就會大難臨頭，日後還把這種觀念傳承給孩子。有時當你要踏上旅途，提前許多時間抵達出發點，真的很重要。

然而，過度未雨綢繆的問題在於，儘管偶爾確實能預防大難臨頭，其他時候只會加深做好準備理應減少的焦慮。過度計畫的人如同患有強迫症，基本上是在要求獲得某種未來的保證，然而未來永遠不會提供這樣的保證。原因很明顯，那是未來的事。畢竟不論你預留多少時間，你無法百分之百確定不會發生任何導致你太晚抵達機場的意外。也或者，你確定可以準時抵達，可是一旦抵達，只能在航廈枯等。就算一路平安無事抵達機場，你也無法就此安心，因為這部分已經過去，又要開始焦慮接下來的未來（飛機會不會準時抵達目的地，讓你趕上接下來要搭乘的火車？永遠有擔心不完的事）。我是說真的，不論你的計畫安排到多遠以後，你永遠無法鬆懈，無法確定每件事都會如你所願。你不過是把不確定性一直往前推，一路推到地平線。一旦決定好耶誕節計畫，就要想一月的事，再來是二月，然後是三月……

我這裡是以我的神經質家族為例，但背後渴望把未來變成某種可靠事物的欲望，並非計畫強迫症患者的專利。不管你是否習慣規畫詳細的時間表或過度謹慎的旅遊計畫，只要你擔心任何事，就是有那種欲望。憂慮的本質便是反覆嘗試對未來感到安心，失敗了就再嘗試，試了一遍又一遍，彷彿光是讓自己擔憂，就能在某種層面阻止災難發生。換句話說，人會憂慮是因為內心想要事先知道事情會有好結果：另一半**不會**在未來離開你、你**未來**會有足夠的錢退休、疫情**不會**奪走你所愛之人的性命、你喜歡的候選人**將**贏得下一場選舉、你**可以**在週五下午完成待辦清單。然而，試圖掌控未來，顯然是拒絕承認我們在時間這方面天生就受到限制，這是憂心忡忡人士顯然打不贏的一場戰爭。你永遠無法確定未來會怎樣，永遠力有未逮。

什麼事都有可能發生

到目前為止，我一直強調勇敢面對現實很重要，不能逃避人生在世的時間有限所引發的不安感。不過，我們「擁有」時間這項假設，顯然也愈加值得懷疑。如同作家凱恩所言，我們擁有時間的那個「有」，不同於擁有皮夾裡的錢或腳上的鞋子。我們宣稱擁有時間，真正的意思是我們預期擁有。「我們假設自己有三小時或三天可以做某件事。」凱恩寫道：「但我們不曾真正擁有那三小時或三天。」[3]任何事都可能半路殺出來，奪走你以爲自己「有」、可以拿來完成重要工作計畫的三小時：老闆可能臨時指派你做另一件事；地鐵可能故障；你可能死掉。即便和你預期的一模一樣，你最後真的獲得完整的三小時，在那三小時已經過去、成為歷史之前，你無法確認自己能擁有整整三個小時。唯有事情已成過往，才可能確認未來真是如此。

同樣地，儘管我先前一直以這樣的方式討論，沒有人真的擁有四千禮拜的壽命——不只是你有可能活不過四千個禮拜，事實上，你甚至不**擁有**一個禮拜，你無法確認下星期真的會到來，也無法確定能以你想要的方式運用。你只不過是在每一刻來臨時處於每一刻，你帶著所有連帶的限制，被拋進當下這個時空，無法確認接下來會發生什麼事。想一下這點，你就會明白為什麼海德格說我們就是時間。唯一有意義的作法，就是把每個人的存在想成一系列的瞬間，此外，這樣的觀點會產生貨真價實的心理影響，因為幾乎我們對未來的一切思考、我們的計畫、目標設定和擔憂，沒有明說的前提就是假設時間是由我們擁有或掌控的。時間因此隨時帶來焦慮與不安，我們盼望的事物永遠會碰上不肯配合的現實——我們並不擁有時間，也無從控制時間。

這裡要澄清一下，我的重點不是我們不該計畫、不該替退休存錢，或是不該記得投票，以增加未來如我們所願的機率。努力影響未來不是什麼問題。有問題的地方（所有焦慮的源頭）在於，我們從此時此刻的觀點出發時，我們感到必須知道努力會有好的結果。當然，你可以誠心希望另一半不會離開你，於是善待伴侶，增加彼此永結同心的機率。然而，若你堅持現在就可以確認你們的關係絕對是百年好合，只會讓人生處於永不間斷的壓力。因此，出奇有效的抗焦慮解方，就是明白你再怎麼要求獲得未來的保證，那是永遠不可能實現的。不論你做了多少計畫、操了多少心，或是預留多少時間抵達機場，你**無從**得知事情一定會順利進行。從本質上來看，想要確認是無望的掙扎。也就是說，你可以停止這麼做了。未來不是你能那樣安排的東西。如同法國數學家兼哲學家帕斯卡（Blaise Pascal）所言：「我們十分魯莽，」他寫道：「我們在不屬於我們的時間裡遊蕩……試圖〔讓現在獲得未來的支持〕，想著安排不在我們能力範圍內的事物，我們無從確認自己能否抵達那些事發生的時刻。」[4]

回顧過往，無法掌控未來的焦慮更顯荒謬，也許我們就不再那麼焦慮了。我們因為無法掌控未來而成天發愁，但大部分的人大概會承認，我們的人生走到今天，根本不是大力操控的結果。不論你最看重人生中的什麼，那永遠能回溯到某個你不可能事先安排的機緣巧合，現在更不可能再回頭改變。你有可能永遠沒受邀參加那場你認識未來另一半的派對。你的父母有可能不曾搬到你就讀的學校學區，因此你沒碰到那位挖掘你的潛能、協助你發光發熱的伯樂老師。這種事太多太多了。如果你能看到更早以前，看到自己出生前發生的事件，你更會感到一切都是不可思議的湊巧碰上湊巧。西蒙．波娃（Simone de Beauvoir）在自傳《一切之後》（*All Said and Done*）中驚嘆，她會成為**她**，有太多事情完全不在她的掌控之中：

> 如果我午餐過後在書房內睡午覺，醒來時我有時會有種童真般的訝異：我為什麼會

是我？如同孩童認識到自己的身分時會感到訝異，我很訝異我人在這裡、處於這一刻，我深深進入了這個人生，而不是另一個人生。是什麼樣的機緣巧合帶來這一切？……那條精蟲進入那顆特定的卵子，代表著恰巧我的父母相遇了，而在我父母出生之前，剛好他們所有的祖先都出生了。這可能連幾億分之幾的機率都不到。此外，由於一個目前的科學還不太能預測的機率，我恰巧生為女性。從那時起，我感到我過去的每個動作帶來了一千種不同的未來：我有可能生病，被迫中斷學業；我有可能一輩子沒遇見沙特；任何事都有可能發生。[5]

波娃的這段話令人感到欣慰：儘管我們無從掌握這些過往的事件，我們每個人依舊走到了今日的人生，因此我們至少能期待一種可能性：當無法控制的未來降臨時，我們都會有能力承受。此外，你甚至不一定想要有那樣的掌控力，因為有太多人生中你重視的事情之所以發生，都來自於你不曾有機會選擇的情境。

管好分內之事

過去無從掌控，未來無從預知，這解釋為什麼許多的精神傳統，似乎不約而同都給了相同的建議：我們應該把注意力擺在唯一真正歸我們管的那段時間，也就是這一刻，此時此刻。「試圖操控未來，無異於越俎代庖。」[6]道家經典《道德經》提出的這項勸誡（譯註：此段《道德經》或為：「夫司殺者，是大匠斲。夫代大匠斲者，希有不傷其手矣。」英文版稍有出入），數個世紀後，佛教學者格西夏沃巴（Geshe Shawopa）也告誡學生類似的話：「不要統治可能性無限增生的想像王國。」[7]耶穌在登山寶訓也提過非常類似的概念（即便耶穌日後的追隨者正好相反，將基督教的永生概念當成一心一意想著未來的理由）。「所以，不要為明天憂慮，因為明天自有明天的憂慮。」耶穌提出這項建議後，又加上一句至理名言：「一天的難處一天當就夠了。」[8]我能感到耶穌對眾人講這句話的時候，只會帶著苦笑的口吻，彷彿在說：你們這些一世紀勞動階級的加利利人，生活有這麼無憂無慮嗎？居然自找額外的麻煩，擔憂明天會發生什麼事？

不過這一派的想法之中，我向來最有共鳴的是現代性靈導師克里希那穆提（Jiddu Krishnamurti）的版本。他在一九七〇年代末的加州演講上，以一貫的直率口吻談到這件事。「這場談話講到一半時，」當時也在場的作家吉姆．德雷弗（Jim Dreaver）回憶：「克里希那穆提突然停下，身體往前靠，神祕兮兮地問：『你們想知道我的祕密嗎？』現場的聽眾整齊劃一地坐直了身體……我看見我前後左右的人往前靠，耳朵打開，嘴巴緩緩張開，迫不及待想知道答案。克里希那穆提接著用輕柔、幾乎是害羞的聲音說：『是這樣的，我不在乎發生了什麼事。』」[9]

我不在乎發生了什麼事。這句話或許需要解釋一下；我不認為克里希那穆提的意思是，當災厄降臨在我們或別人身上，我們不該感到難過、同情或憤怒。他的意思也不是我們不該未雨綢繆。他只是在說，當你活出「不在乎發生了什麼事」的人生，你的內心就不需要得知未來走向將如你希望的那般，因此當你看著事情是否會一如預期發展時，也不必一直處於緊張的狀態。那句話不代表我們現在不能採取明智的行為，以減少日後事態不妙的機率。此外，萬一災厄最後仍然降臨，我們還是可以盡全力回應；沒必要把苦難或不公平當成活在世上不可避免的命運。抱持盡人事、聽天命的態度，就能在我們唯一能確定的時刻，也就是當下這一刻免於焦慮。

順便補充一下，我也不認為克里希那穆提建議我們模仿某些討厭鬼（我們都認識一、兩個這種人）。那種人有點**過分**自豪他們可以隨心所欲，堅持從來無須計畫，隨便說不做就不做了。你永遠無法確定，和他們約好六點鐘去喝一杯，他們是否真有一絲想要露面的意願。這種過分無拘無束的人，似乎認為制定計畫是在束縛自己。然而，打造有意義的人生時，做好規畫除了是基本工具，也是對他人負責。真正的問題不在於計畫，而是誤解計畫的意義。套用美國冥想導師約瑟夫．戈登斯坦（Joseph Goldstein）的話，我們忘了或是無法勇敢面對「計畫就只是個想法而已」。[10]我們把計畫當成某種套索，從現在拋出去，套住未來，要未來聽令行事。然而，計畫永遠只是說明當下的意願，提出你目前認為理想上，你希望如何對未來施展自身微薄的影響力，而未來當然沒必要聽你的。

8 你在這裡

我們執著於從手中時間提煉出最好的未來價值，無視於現實。事實上，關鍵時刻永遠是現在才對——人生只不過是一連串的現在，最後是死亡。

此外，把時間當成某種我們能擁有與掌控的事物，看來也讓生活更加難過。我們不免因此執著於「妥善利用時間」，然後就會發現一件很不幸的事：你愈是努力好好利用時間，你在過每一天的時候，就愈會感覺每一天是某種必須「過完」的東西，以求抵達更寧靜、更美好、更充實的未來，但那個未來不曾到來。問題就出在我們把時間當成手段。「利用時間」自然是把時間當成工具、一種達成目標的手段，而我們每天都這麼做：你不是因為喜歡沸騰的水壺，所以用水壺燒水。你不是因為熱愛操作洗衣機，所以把襪子放進洗衣機。你是因為想喝杯咖啡，想要有乾淨的襪子可穿。然而，這種把時間當工具利用的傾向太容易過頭，只把目光放在你要去的地方，反而忽略當下你人在哪裡——結果就是心思活在未來，將人生「真正」有價值的時刻定在你不曾真正抵達的地方，以後也不會有那麼一天。

心理學家史蒂夫·泰勒（Steve Taylor）在《重返理智》（*Back to Sanity*）一書回憶，他觀察到倫敦大英博物館的遊客，不曾真正觀看羅塞塔石碑這塊眼前的古老埃及文物。為了日後能再次看到這塊石碑，大家都忙著用手機拍照和錄影。[1]他們利用時間的方式，太過專注於要對未來有所幫助。為了有辦法在日後重溫或分享眼前這段經驗，導致他們幾乎無法體驗展覽本身（再說了，那種影片誰真的會日後回顧？）。當然，抱怨年輕人的智慧型手機使用習慣，是我和泰勒這種壞脾氣中年人最愛的休閒活動，不過泰勒更深層的重點是，我們所有人也經常有類似的舉動。我們做的每一件事（換句話說，我們的人生）非得幫別的事鋪路，我們才會認為有價值。

我有一次聽人說，這種把關注點放在未來的心態，通常會以「等我終於」的形式出現，例如：「等我的工作量終於沒那麼離譜／等我支持的人終於當選／等我終於找到正確的戀愛對象／等我終於解決心理問題，**到時候**就能鬆一口氣，開始過該過的人生。」[2]沉溺於這種心態的人相信，他們沒能感受到幸福與滿足，是因為尚未完成某些事；他們想像等到完成了，就能感到人生操之在我，我的時間終於屬於我了。事實上，這種試圖獲得安全感的方法，只會讓他們感到**永遠**不滿足，因為他們只把現在當成一種手段，協助他們抵達未來更美好的狀態。當下這一刻本身則永遠不會令人滿意。然而，這種人就算真的控制住了工作量，或是遇到了靈魂伴侶，又會找到其他藉口推遲滿足感。

當然，看事情也要考慮脈絡；許多情境都能讓人明白，為什麼人們一心一意把目光放在更理想的未來。沒人會怪低薪的公廁清潔工希望一天快點結束，或是未來有更好的工作；在這種情況下，自然只會把工作時刻當成領到工資的手段。然而，如果是懷抱雄心壯志的高薪建築師，那就比較令人費解。他們如願進入一直想從事的行業，但在判斷自己走過的每一刻是否具備價值時，依舊只看自己手中的計畫是否接近完成，好進行下一個計畫，升到更高的職位，或是可以早日退休。以這樣的方式活著，真可說是瘋狂，但我們從小就被諄諄教誨要這樣活才對。自稱「性靈藝人」的新時代哲學家艾倫·瓦茲(Alan Watts) 以生動的方式描述這種現象：

> 以教育為例，那根本是一場騙局。我們從小被送到托兒所。托兒所的人說，你是替進入幼兒園做準備。接著是為了上一年級做準備，然後是二年級、三年級……上了高

中，他們說你得準備進大學。進了大學，你必須準備出社會……〔人就像〕追著胡蘿蔔跑的驢子，而他們眼前的胡蘿蔔就是用插在頸圈上的桿子吊著。他們永遠不在這裡，永遠不曾抵達那裡。他們永遠不曾活著。[3]

成敗論英雄的陷阱

我是在當爸爸之後，才開始完全理解自己之前的成年生活，是如何深陷於這種追逐未來的心態。我並非瞬間頓悟。起初我兒子快出生時，我比平日還要執著於善用時間。每一位新手父母大概都一樣，從醫院回到家後，紛紛面對現實，承認自己的育兒能力實在不足。我們想要以盡量明智的方式運用時間，先追求讓襁褓中扭動的嬰兒活下去，再來是盡己所能替孩子的幸福未來鋪路。然而，我除了多出爸爸這個身分，還是個生產力狂，我讓自己一個頭兩個大，買好多書瞭解如何照顧新生兒；我下定決心要以最佳方式利用關鍵的頭幾個月。

我很快就發現，育兒書這個類別分為兩派，而且永遠瞧不起對方。我開始把一方想成「嬰兒馴獸師」，這一派的權威人士認為要盡快讓嬰兒遵守嚴格的時刻表，因為生活沒有規矩的話，孩子就會缺乏安全感。此外，假使孩子的作息能夠預測，就能與家中的節奏無縫接軌。如此一來，每個人都獲得睡眠，我和太太也能很快返回工作崗位。另一派則是「自然派的父母」，他們感到這一類的時間安排，以及所謂媽媽必須回去工作的概念，進一步證實現代性已經腐蝕了養兒育女的純粹性。唯一的解決辦法，就是模仿開發中世界的原住民部落，或是史前時代人類親近大地的行事風格（此陣營的育兒專家認為，兩者其實是同一種人）。

我後來發現，這兩派背後其實都沒有可信的科學證據（舉例來說：讓嬰兒哭著入睡不好的「證據」，主要來自被遺棄在羅馬尼亞孤兒院的嬰兒研究，這和一天之中把孩子單獨留在舒服的北歐搖籃裡二十分鐘，實在不太一樣；此外，西非的豪沙－富拉尼人〔Hausa-Fulani〕違反西方的一切育兒哲學，認為母親和嬰兒對視有時是禁忌，但他們的孩子多半也順利成長）。[4]然而，我感受最深的是兩派的專家有多麼全力關注未來。我讀過的所有育兒建議，不管是書上寫的或網路上看到的，幾乎都是一心一意要讓孩子長大成人後，過得更幸福、更成功或者賺更多錢。

嬰兒馴獸師明顯抱著這樣的目的，大力強調需要培養對嬰兒的人生有益的優良習慣。然而，自然派也不遑多讓。如果說自然派堅持「揹巾穿戴」、和嬰兒同睡或餵母乳到三歲，理由是那樣對父母和孩子是更令人滿意的生活方式，也就罷了。然而，他們有時會說出真正的動機，其實是為了確保孩子未來的心理健康（再次缺乏實質的證據）。我感到相當不安的是，我明白自己一開始會尋求這些育兒建議，因為這正是**我的**生活態度：就我記憶所及，我的人生都在替未來的某種結果努力，如考試結果、工作、更良好的運動習慣。這張清單可以無限延長，一切都是為了終有一天，我能過著想像中的順利人生。而今我的日常責任多了一個孩子，我也抱持我一貫事情「要有用」的心態，去適應這項新的現實：我想確認在育兒這個領域，我同樣做了必要之事，能獲得最理想的未來結果。

然而，我開始感到以這樣的方式和新生兒相處，相當違反人性，更別提生活原本就夠累人，還要考慮這些事，只會讓自己不必要地更加疲憊。挪出一部分注意力替未來做準備顯然很重要，比如注意疫苗施打時間、申請學前班的時間。然而，我的兒子此時此刻就在這裡，他零歲的時間只有一年。我發現我不想把我兒子**實際**存在的日子，浪費在為了他的未來，努力把零歲這一年發揮到淋漓盡致。我兒子就在這裡，他全心參與自己存在的這一刻，我也想加入他。我想單純看著他的小手抓住我的手指，看著他聽到聲音時搖搖晃晃試著轉頭，心中不要想著這些動作是否代表他符合「發展里程碑」，或是我該做什麼來確保他按部就班地成長。更糟的是，我意識到自己執著於有效利用時間，代表我將兒子這另一個活生生的人當成工具，只為了安撫自己的焦慮。我對待孩子的方式，都是為了在未來擁有假想中的安全感，讓自己問心無愧。

作家亞當・高普尼克（Adam Gopnik）稱我落入的這種陷阱為「結果論」，意思是我們認為「某種養育孩子的方法正確與否的證明，要看孩子長成什麼樣的大人」。[5]那種論點乍聽之下十分合理，不然你要如何判斷方法的好壞？但那麼一來，童年將不再具備任何內在價值，只不過是成年生活的訓練場。或許嬰兒馴獸師說得沒錯，讓一歲大的孩子習慣在你懷中睡著，確實是「壞習慣」。然而，親子互相依偎，在當下也是令人喜悅的體驗，你得把那一點也納入考量；對未來的考量不可自動高過一切。同理，讓九歲的孩子天天玩暴力電動是否合適，也不光是看孩子長大後會不會變得暴力，還要看那對孩子來講是不是當下利用人生的適宜方式；或許沉浸在數位血腥中的童年，就算不會對未來有任何影響，照樣是低品質的童年。湯姆・史達帕（Tom Stoppard）在劇作《烏托邦之岸》（*The Coast of Utopia*）中，借十九世紀的俄國哲學家亞歷山大・赫爾岑（Alexander Herzen）之口，提出加強版的相同看法。赫爾岑的兒子在一場船難中溺死，他必須學著克服喪子之痛。赫爾岑堅持，儘管他的兒子來不及長大成人，闖出一番事業，並不代表他這一生就比較沒價值。「由於孩子會長大，我們就認為孩子的任務是長大。」赫爾岑說道：「然而，孩子的任務只是當個孩子。大自然不會看輕朝生夕死的生命，蜉蝣每一刻都盡全力活著……生命的饋贈在於生命的流動，若要等到以後就太遲了。」[6]

什麼都有最後一次

然而，我希望大家現在已經明白，以上討論不只適用於家有小小孩的家長。的確，新生兒長得快，我們特別難以忽視生活是由一連串瞬間消失的體驗所組成，每段體驗本身都具有價值。如果你的心思完全放在讓孩子成功，你會錯過光陰本身的美好。不過，作家與播客主持人山姆．哈里斯（Sam Harris），提到一個令人不安、適用於每件事的觀點：由於我們的人生有限，生活中不免充滿這輩子最後一次做的事情。[7] 如同我將在某一天最後一次去接兒子（這個念頭令我感到害怕，但無法否認確實會有這麼一天，因為我確定等我兒子三十歲，我就不會去接他了），有一天將是你最後一次回老家，最後一次在海裡游泳、做愛或是和某位好友深聊。然而，當下我們通常無從得知那就是最後一次。哈里斯的重點是，我們因此應該試著在做每一件事的時候帶著敬畏之心，彷彿這是最後一次。的確是這樣沒錯，人生中的每一刻都是「最後一次」。這一刻抵達之後，你再也無法再次碰到這一刻，而且每一刻過去，你剩下的時刻只會比先前少。僅僅把這樣的每一刻當成通往未來某一刻的墊腳石，顯現出我們有多無視於真實的人類處境。要不是我們每個人隨時都這麼做，這種態度實在令人難以置信。

老實講，我們以這種違反自然的工具態度運用有限的時間，把目光放在未來，並不全然是我們的錯。強大的外在壓力也把我們推往那個方向，因為我們生活在以工具主義為核心的經濟體系裡。事實上，我們可以把資本主義看成一台巨大的機器。那部機器為了未來的獲利，把一切都化為工具，包括地球資源、你的時間與能力（另一種講法是「人力資源」）。從這個角度看，足以解釋一起很玄的真相：為什麼在資本經濟裡，富人通常出乎意料地沒那麼快樂。富人極度擅長把時間當成工具，替自己創造財富；在資本主義的世界，那是成功的定義。然而，富人花很多心思運用時間，最終只把當下這一刻的生活當成通往未來幸福的手段，因此他們的日子失去了意義，即便銀行存款不斷增加。

有一個老生常談的說法是，經濟沒那麼發達的國家，人民反而更能享受生活。這確實有幾分真實。換句話說，那些國家的人民沒那麼急於把人生當成工具，以換取未來的獲利，因此更能參與當下的樂趣。舉例來說，在全球幸福指數排行榜中，墨西哥的排名經常勝過美國，[8]於是有了一則流傳已久的寓言故事：一名正在度假的紐約商人，和一名墨西哥漁夫聊天。漁夫說自己一天只工作幾小時，剩下的時間則曬曬太陽，喝喝酒，和朋友玩音樂。漁夫的時間管理方式嚇到商人，商人主動向漁夫解釋，如果他更努力工作，就能把利潤拿去投資，組成大型船隊，付錢叫別人去捕魚，自己賺進大筆鈔票，接著早早退休。「那接下來我要做什麼？」漁夫問。「嗯，這個嘛，**接下來嗎？**」商人回答：「你就可以曬曬太陽，喝喝酒，和朋友玩音樂。」

資本主義的壓力逼著你把時間當工具，害生活失去意義。企業律師是這方面最為人所知的例子。天主教法學家凱瑟琳．卡文尼（Cathleen Kaveny）講過，許多企業律師的整體收入傲人，但依然十分不快樂，因為這一行的慣例是「按時計費」。他們不得不把自己的時間（實際上等於是把他們自己）當成一種以六十分鐘為單位賣給客戶的商品。未售出的一小時自動等同於浪費掉一小時，因此看上去強勢的成功律師，沒和家人一起吃晚餐，趕不上孩子的學校戲劇表演，原因不一定是「太忙了」——那種有太多事要做的忙，而是他們已經無法想像不能當成商品出售的活動會有什麼價值。如同卡文尼寫道：「滿腦子以時數收費的律師，很難從非商品化的角度理解時間的意義，體會參與這一類事物的真正價值。」[9]某項活動要是無法替收費的時數添上一筆，就會讓人感到不能如此浪費時間。其實大部分人都有這種心態，就連非律師也一樣，只不過我們不好意思承認罷了。

然而，現代生活經常令人覺得是一趟辛苦的旅程，你必須先「撐過去」眼前這段路，才能抵達更美好的未來。不過，要是把這種現象全怪到資本主義頭上，等同自己騙自己。老實講，我們也是同謀，是我們自己**選擇**用這種吃力不討好的方式看待時間，而我們這麼做的原因，為的是感到全面掌控著自己的人生。你相信生活真正的意義存在於未來的某個地方，你的努力有一天會開花結果，你將生活在幸福的黃金年代，擺脫一切煩惱。這樣想的時候，就不必面對討厭的現實：你的人生並未走向某個尚未來臨的關鍵時刻。我們執著於從手中時間提煉出最好的未來價值，卻無視於現實。事實上，關鍵時刻永遠是現在才對——人生只不過是一連串的現在，最後是死亡。你大概永遠不會來到每件事都感覺完美的一刻，因此最好別再將你存在的「真正意義」一直延遲到未來，現在就投入你的生活。

經濟學家凱因斯看透了一切的真相，點出我們之所以執著於他所謂的「目的性」(purposiveness)，也就是為了未來的目的而妥善利用時間（如果凱因斯在今日寫作，他會說這是為了「個人生產力」），這一切最根本的原因是不想死。「有『目的性的人』，」凱因斯寫道：「永遠試圖讓自己的行為具有假想與幻想中的不朽，把那些行為帶來的利益一直往前推遲。他們不愛自己的貓，而是愛貓會生下的小貓；他們其實也不是愛小貓，只是愛小貓以後生的小貓，一直往前推，推到無窮無盡的貓生概念。對他們來講，果醬不是果醬，而是某種許諾明天會給予你的好東西，你永遠不會在今天就吃到果醬。於是，他們把果醬永遠往前推到未來，好讓煮果醬能煮出永恆性。」[10]由於有目的性的人，不曾在此時此刻「兌現」自身行為的意義，他們得以幻想自己是全知全能的神，假裝自己對現實的影響力無限延伸到未來，感覺自己有如時間的主人。然而，他們付出昂貴的代價。他們永遠不曾在當下愛著真正的貓，也一輩子不會享受到任何實實在在的果醬。他們因為太努力善用時間，錯過了人生。

不刻意活在當下

然而，試著「活在當下」，在**現在**這一刻找到生命的意義，其實也會遇到挑戰。各位有沒有試過？儘管現代的正念導師堅持活在當下是通往快樂的快速道路，儘管有愈來愈多的心理研究在談「品嚐」（savoring）的好處，也就是刻意珍惜生活中的小確幸，奇怪的是，這一點很難做到。《禪與摩托車維修的藝術》（*Zen and the Art of Motorcycle Maintenance*）的作者羅伯．波西格（Robert Pirsig）描述，他和年輕的兒子抵達奧瑞岡州廣闊無邊、波光粼粼的藍色火山口湖（Crater Lake），塌陷的史前火山形成美國最深的湖泊。波西格下定決心要盡情享受美景，但為了某種莫名的原因他失敗了：「我們看著火山口湖，感到：『喔，就是這裡沒錯。』跟照片上長得一模一樣。我看著其他遊客，他們也都看起來不知所措。我其實不討厭這個地方，只是感到這座湖的獨特之處、這座湖的質素，因為太刻意要突顯，反而被蓋住。」[11]你愈是試著活在當下，望眼欲穿此刻發生的事，想要真正看見，反而愈**無法存在**於此時此刻，或者應該說你做到了，但你感到一切是如此的索然無味。

我很能明白波西格當時的心情。幾年前，我造訪過圖克托亞圖克（Tuktoyaktuk），那是加拿大西北地方最北邊的一個極地迷你小鎮。當時只能靠空路或海路前往，但是冬天還可以搭乘越野車。我沿著結凍的河面行駛，途中經過困在寒冬冰層中的船隻，一路開往冰封的北極洋。我這一趟真正的任務是採訪加拿大與俄國爭奪北極下方的石油資源，但我久聞其名，很希望見到北極光。我連續幾晚強迫自己冒著攝氏負三十度的低溫來到戶外。在那種氣溫下，你吸氣的那一刻，鼻腔內的濕氣就會凍成冰。然而，我只見到濃厚雲層下的一片漆黑。直到離開的前一晚，凌晨兩點多的時候，租下我隔壁B&B小木屋的情侶，興奮地敲我的門，告訴我這一刻終於到來：今天有北極光。我在連身的保暖內衣外又套上幾件衣服，踏進遼闊的天空穹頂，一閃一閃的綠光大幕，從地平線的一側劃過地平線的另一側。我決定好好享受這場極光大秀。隔天早上，當地人也指出前一晚是難得一見的精彩極光。然而，我愈試圖好好體會，愈是無法體會。直到今天，我還會尷尬地想起，後來當我終於回到溫暖的小木屋，根本沒有為美景心醉神迷，只想著：喔，**極光看起來就像螢幕保護程式那樣。**

努力活在當下的問題在於，雖然看似和我在本章批評的「把目光放在未來、只把當下這一刻當工具」的心態正好相反，實際上換湯不換藥，只不過稍有不同。你依舊太專注於善用時間，這次不是為了以後會有好結果，而是現在就要獲得讓人生豐富的體驗，結果讓體驗本身被掩蓋。舉例來說，你下定決心全心投入現在正在洗碗的這一刻，因為你讀到暢銷書作者一行禪師說，人要想辦法投入最世俗的事務。[12]然而，你再怎麼努力也辦不到，因為你過於刻意地忙著思考，這樣到底算不算活在當下。「此時此刻」幾個字，令人聯想到穿著喇叭褲、留鬍子、吸大麻的傢伙，那些人就算天塌下來，依舊怡然自得。然而事實上，嘗試活在此時此刻不會讓人感到放鬆，而是很辛苦——**試圖**盡全力活在當下這一刻，反而保證你絕對做不到。這種適得其反的效應，我最喜歡的例子是匹茲堡的卡內基梅隆大學於二〇一五年所做的研究：研究人員請參加實驗的伴侶在兩個月期間，提高做愛頻率到平日的雙倍。兩個月後，那份研究的結論是這些伴侶並未比實驗開始前更幸福。[13]這個研究結果被廣為引用，用來證明擁有更活躍的性生活沒有想像中那麼美好。然而，我會說那項研究證實的，其實是企圖擁有更活躍的性生活毫無樂趣。

面對更百分之百活在當下的挑戰時，比較有效的作法是先留意不論你喜不喜歡，你原本就永遠活在當下這一刻，畢竟當你刻意去想自己是否專心洗眼前的碗，或是自從答應參與心理研究後，這些日子是否享受額外的性愛，這些都是在當下這一刻冒出的念頭。如果你原本已經無可避免地存在於當下這一刻，試圖讓這件事成真，實在太莫名其妙。**試著**活在當下，言下之意是你和「這一刻」其實是分開的，你將成功生活在其中或者失敗。活在此時此刻帶來的聯想是放鬆的生活，但嘗試這麼做，依舊是一種工具主義的嘗試，純粹把當下這一刻視為手段，為的是掌控不斷開展的時間，因此往往不會有用。當你太過努力要「更活在當下」，會有一種彆扭的感受；那種精神上的不舒服來自於試圖以自我成長的方式提升自己——你試著修正與當下這一刻的關係，然而事實上，那一刻也只是你的**存在**而已。

正如作家傑．珍妮佛．馬修斯（Jay Jennifer Matthews）在書名取得頗好的小書《活在當下的超精簡指南》（*Radically Condensed Instructions for Being Just as You Are*）中寫道：「我們無法從生命中提取什麼，無法把這個東西拿到生命以外的地方。在生命以外的地方，沒有一個小容器，〔讓我們〕偷走生命給我們的食糧，存放在裡面。這一刻的生命沒有以外之處。」[14]更活在當下的意思，或許只是你終於明白自己別無選擇，只能存在於此時此刻。

9 重新找回休息

為了進入真正的休息體驗，我們身為個人能做的另一件重要的事，就是停止期待感覺會很美好，至少一開始不要。

幾年前，在一個炎熱的夏天週末，我加入「奪回你的時間」（Take Back Your Time）慷慨激昂的團體，一起坐在西雅圖密不通風的大學演講廳。他們當天開會的目的是進一步推廣組織長期以來的使命：「消滅過勞這種流行病」。我參加的那場活動是年度大會，出席人數稀稀落落。大會坦承部分原因出在時值八月，很多人跑去度假了，但既然他們是全美最大聲支持放鬆自己的組織，就不能抱怨那一點。不過參加者不多，也是因為「奪回你的時間」推廣的理念，在這個年代被視為過於顛覆。增加放假天數或縮短工時，不是什麼不尋常的要求，這一類的提議愈來愈常見。但是此類呼籲提出的理由，不外乎工作者充分休息後，生產力就會提升，而「奪回你的時間」正是質疑這樣的基本理由。成員想知道為什麼到海邊度假、和朋友聚餐，或是早上懶洋洋地躺在床上，需要替自己找理由，說工作績效會改善？約翰．德．葛拉夫（John de Graaf）忿忿不平地表示：「你永遠會聽到有人主張，增加休息時間對經濟有好處。」七十多歲的葛拉夫是熱情洋溢的電影製片人，也是「奪回你的時間」的推手。「然而，為什麼我們要靠**經濟**來替**人生**背書？這毫無道理！」我後來得知，「奪回你的時間」有一個競爭對手叫「休假專案」（Project: Time Off）。這兩個組織不同的地方，在於「休假專案」獲得慷慨的企業贊助，大會出席率也比較高。一點都不令人意外的是，「休假專案」的使命是推廣休閒能帶來「個人、商業、社會與經濟上的好處」，還獲得美國旅遊推展協會（US Travel Association）的支持。當然，這個協會另有希望人們更常度假的理由。

娛樂的衰退

葛拉夫明確指出，單單把時間當成一種要盡量利用的東西，有一個隱藏的問題：我們開始有壓力，就連休閒時間也必須以更有生產力的方式運用。單純享受休閒時間（你會以為這就是休閒的重點），不知怎麼地開始令人感到不大足夠。我們模模糊糊意識到，如果不拿休息時間來投資你的未來，你的人生就會失敗。有時這種壓力會明確主張，你應該把握休息時間帶來的機會，成為更優秀的工作者（《紐約時報》有一篇大受歡迎的報導，標題是〈放鬆後你會更有生產力！〉〔Relax! You'll Be More Productive〕）。[1]然而，就連你永遠在訓練跑10K的朋友，也被相同的心態傳染，只是乍看之下較不明顯罷了：你的朋友說服自己，唯有在未來跑出成績，跑步才有意義。我自己也感染了這種病。這些年來，我在參加冥想課程和禪修時，都抱持自己幾乎沒意識到的目標：有一天，我將達到一種永遠心平氣和的狀態。即便是貌似享樂主義、花一年的時間當背包客跑遍全球，如果你的目標不是探索世界，而是稍稍不同，替心中的體驗庫增加庫存，希望日後感到充分運用了人生，那麼也會落入相同的困境。

只從休閒對其他方面有益的角度來看休閒，將導致令人遺憾的結果：你開始隱約感到休閒是一件苦差事。換句話說，休閒將變成最糟糕的工作類型。戲劇評論家沃特．柯爾（Walter Kerr）在一九六二年的《娛樂的衰退》（*The Decline of Pleasure*）一書提過這個陷阱：「我們所有人都被迫為了好處而閱讀，為了拿下合約而參加派對……為了慈善而賭博，為了促進城市繁榮在晚間出門，週末則待在家整修房子。」[2]現代資本主義的擁護者喜歡指出，不論我們實際上有什麼感受，相較於數十年前，我們擁有的休閒時間更多了：男性每天平均多出大約五小時，女性只比男性少一點。[3]然而，或許我們並未感到生活中的休閒時間增加，原因是休閒再也不像休閒。休閒變成另一種待辦事項。研究顯示，如同許多時間的問題，你的富裕程度愈高，問題就愈嚴重。[4]有錢人經常忙於工作，但說到如何運用空閒時間，他們的選項也較多：富人和其他人一樣可以看小說或散散步，但富人也可以觀賞歌劇，或是造訪法國的滑雪勝地庫爾舍瓦勒（Courchevel），因此他們更容易感到應該從事某些娛樂活動，卻苦無機會。

我們大概無法體會，就工業革命之前、史上任何階段的人類而言，這種態度有多陌生。對古代哲學家來說，休閒不是達成其他目的的手段，休閒就是目的，其他所有值得從事的活動都只是手段，目的是為了能夠休閒。亞里斯多德主張，真正的休閒（對他而言是指沉思與思索哲學）是最高等級的美德，值得為了這件事本身選擇去做。至於其他美德，譬如在戰場上拿出勇氣，或者官員的高貴舉動，這些行為算得上是美德，是因為它們會帶來其他效應。拉丁文的「生意」（*negotium*）一詞，字面意思是「非休閒」（not-leisure）。這個字反映的觀點是工作背離了最高層次的人類使命。從這個角度看，工作對某些人來講不可避免，尤其是有了奴隸辛苦工作，雅典與羅馬的公民才能享有休閒，但從本質上來講，工作剝奪了人的尊嚴，絕不是活著的主要重點。

在日後的改朝換代中，這個基本概念持續流傳了數個世紀：休閒是人生的重心，是預設的狀態。工作只是偶爾不可避免的干擾。就連中世紀辛苦的英格蘭農奴，他們的生活也充滿大量的休閒活動：他們依曆法過生活，而曆法中有宗教節日與聖人紀念日，此外還有一連舉辦多天的村莊慶典「麥芽酒節」，用以紀念婚禮與死亡等重大場合（沒那麼重大的事件也有慶典，如一年一度的「產羔期」，也就是母羊生產的季節〔古人有各種酩酊大醉的藉口〕）。有的歷史學家指出在十六世紀，一般的鄉村居民每年僅工作約一百五十天。[5]儘管實際數據仍有爭議，沒人會質疑休閒活動幾乎是從前每個人的生活重心。別的不說，娛樂聽起來是有趣的活動，但其實由不得古人選擇。他們身上背負不能一直工作的社會壓力：你必須遵守宗教節日，因為教堂要求你遵守；此外，在關係緊密的村莊裡，想要逃避參加其他的慶典也不容易。另一種結果是，悠閒的氣氛也滲入人們確實拿來工作的日子。德罕的主教詹姆斯．皮爾金頓（James Pilkington）大約在一五七〇年抱怨：「勞動者會在早上好好休息一番；終於上工前，一天已經去掉一大半。接下來，他們還要在習慣的時間吃早餐，不然會抱怨連連、喃喃自語，儘管還沒付出勞力；中午又一定要午睡，下午再吃點東西，去掉一天中很長一段時間。」[6]

然而，時鐘時間的概念普及後，工業化帶走了那一切。大大小小的工廠需要數百人協調勞動時間表，按工時發工資，結果就是休閒活動與工作明顯脫鉤。勞工得到沒有明講的協議：休息時間想做什麼都可以，只要不影響工作表現即可，那些活動最好還能提升你工作時的好用程度（那就是為什麼上層階級會表達對下層階級愛喝酒的厭惡之情，那讓他們的利益受損：你浪費你的休閒時間，帶著宿醉來工作，違反了我們之間的協議）。嚴格來講，這種新情境的確讓勞動者比從前更自由，這下子休閒時間要做什麼，的確由他們決定，不再像從前幾乎完全由教堂與社群支配。然而在此同時，也確立了新的階級。工作如今被要求當成生活的真正核心，休閒不過是恢復精神與力氣的機會，為的是能繼續做更多工作。問題出在對各式工廠的一般工人來講，工業化的工作並未有意義到可以為其而活的程度：工作是為了錢，不是因為工作本身能帶來滿足感。如今整體人生的價值（不論是工作時間或休閒時間），要看未來能換得其他什麼東西，而不是人生本身就具有價值。

諷刺的是，鼓吹增加休息時間的工會領袖與勞動改革者，最終讓勞工一天只工作八小時並週休兩天，但他們等於也推波助瀾，確立了把休閒當工具的態度。提供勞工休閒時間之所以具備正當性，不單是為了享受樂趣，而是為了其他目的。他們主張勞工可以利用額外的自由時間來提升自我，接受教育，參與文化活動。換句話說，不只是拿來放鬆而已。然而，一名十九世紀麻州紡織工人的話令人感到沉痛。他告訴訪談人員，他們其實想利用多出來的空閒時間，「看一看四周發生了什麼事」。[7] 勞工渴望擁有真正的休閒，而不只是另一種形式的提高產能。他們想要「懶惰的權利」（The Right To Be Lazy）。那是桀驁不馴的馬克思主義者保羅·拉法格（Paul Lafargue）日後最出名的宣傳小冊的標題。[8]

我們從這一切承襲了相當詭異的概念，包括什麼叫「好好」利用時間，以及反過來講，做哪些事算浪費時間。從這種角度看時間，按定義來講，只要無法替未來創造某種形式的價值，全都算是偷懶。你可以休息，但休息是為了之後能好好工作，或是把時間拿去從事其他提升自己的活動。我們變得很難單純享受片刻的休息，不去考慮任何潛在的未來好處，因為不具備工具價值的休息感覺像在浪費時間。

事實上，至少把部分的休閒時間，以「浪費的方式」用在單純享受體驗帶來的樂趣，是唯一**不會**浪費休閒時間的方法——真的在休息，而非暗自希望未來會有好處的自我提升。為了全心活在只有一次機會的人生，你必須**避免**把所有的空閒時間用於個人成長。從這個觀點看，閒閒沒事做不僅可以原諒，實際上很有必要。「如果說老人喝下一杯酒後產生的滿足感不算什麼，」西蒙．波娃寫道：「那麼生產與財富也只是空洞的神話；唯有讓個人活出樂趣，生產與財富才具有意義。」[9]

病態的生產力

然而，有一項關於休息的事實鮮少被承認，我們需要在這裡勇敢面對：經濟制度讓我們沒有任何機會休息，我們除了是制度的受害者，也愈來愈不想休息。我們拚命往前衝，討厭停下來的感覺。一旦感到不夠有生產力便坐立難安。小說家丹妮爾．斯蒂爾（Danielle Steel）是個極端的例子。她在二〇一九年某期《魅力》（*Glamour*）雜誌的採訪中透露一個祕訣，揭曉自己如何能在七十二歲之際，寫完一百七十九本書，幾乎一年出七本書：她是真的隨時在工作，一天工作二十小時，每個月還有幾天是連續寫作整整二十四小時。一年只休假一週，幾乎不睡覺。（「除非已經累到躺在地上就能睡著，不然我不會上床睡覺。」斯蒂爾曾說：「如果我能睡上四小時，那真是太難得的夜晚。」）[10]各界無不讚揚斯蒂爾的「硬漢」工作習慣，然而不難看出這樣的日常作息，會讓問題愈來愈大條——完全戒不了、無法制止自己以有生產力的方式利用時間。事實上，斯蒂爾似乎承認她以生產力為障眼法，逃避難以面對的情緒。她人生遭遇的痛苦包括兒子藥物過量而亡，白髮人送黑髮人。此外，她離過五次婚。斯蒂爾告訴雜誌採訪者，工作是「我的避難所。每當我的個人生活發生不好的事，工作不會背叛我，永遠是我的靠山，我可以躲進工作裡。」

如果將斯蒂爾無法放鬆的程度形容為病態，指責似乎過於苛刻。我應該在這裡澄清一下，這種毛病很多人都有，我自己的嚴重程度不亞於任何人，但我無法和斯蒂爾一樣，還能說自己的問題有美好的副作用，替成千上萬的言情小說讀者帶來喜悅。社會心理學家稱這種無法休息的現象為「懶散迴避症」（idleness aversion），[11]聽起來像是另一種和行為有關的小毛病；不過德國社會學家韋伯（Max Weber）在他舉世聞名的理論「新教徒的工作倫理」中主張，那其實是現代人的核心特質。按照韋伯的講法，懶散迴避症最先出現在北歐的喀爾文派基督徒身上，這群人深信「預選說」，認為每個人出生前，有的人已經被預先挑中為選民，有資格在死後和上帝永遠待在天國。其餘的人則注定下地獄。韋伯主張，早期的資本主義力量，有很大一部分來自信仰喀爾文教派的商賈。這群人感到勤奮工作可以向他人也向自己證明，他們屬於天選之子，不同於其他注定下地獄的同胞。此外，這群人崇尚的簡樸生活方式，也奠定了韋伯另一半的資本主義理論基礎：當人們日日辛勤工作，創造大量財富，但又感到不能把金錢浪費在奢侈品上，必然會累積大量資本。[12]

喀爾文教派的生活方式，想來一定十分痛苦。就算死命工作，也完全不會改善被救贖的機率：畢竟預選說的重點，就是沒有任何事能影響一個人的命運。另一方面，已經獲得救贖的人，難道不會自然傾向於展現符合美德的奮鬥與節儉嗎？在這種令人焦慮的認知下，不做事尤其會引發焦慮，必須不惜一切代價避免。許多基督徒長期主張閒散是一種罪惡，過度放縱可能導致下地獄，但對於喀爾文教派的信徒，懶散可能還證明了一個可怕的事實：你**已經**注定下地獄。

我們慶幸現代人已經沒那麼迷信，但那種想法其實一直都存在。太像在浪費時間的活動會令我們感到不安，而且我們渴望的東西，其實和永恆的救贖沒有太大區別。只要以某種吃苦耐勞的形式，塞滿一天中的每個小時，你就能繼續相信一切努力終將帶來甜美的果實。你將抵達想像中完美的未來狀態。在那個宛如天堂的地方，每件事都會順利進行，你有限的時間不會帶來痛苦。此外，你不再有罪惡感，不再感到必須多做一些事，才能證明自己存在的價值。或許我們不該太過意外，我們用來塞滿休閒時間的活動，不只愈來愈像工作，如同 SoulCycle 飛輪課程或 CrossFit 健身的例子，那些活動有時還像是某種肉體的懲罰。有罪之人靠著鞭打自己，急著在無法挽回之前，消除身上的懶散汙點。[13]

若要為了休息而休息，為了享受懶洋洋而懶洋洋，首先你必須接受事情就是這樣了：你的日子**不會**前進到某種幸福美滿的未來狀態。抱持那種假設過日子，等同於讓我們的四千個禮拜一點一滴失去價值。「我們是人生中所有時刻的總和。」小說家湯瑪斯．沃爾夫（Thomas Wolfe）寫道：「我們能擁有的全部人生，就在那些時刻裡：我們無法逃離，也無法掩蓋。」[14]如果我們想要出席我們在這顆星球上的短暫時間，享受一點樂趣，最好現在就站出來。

休息的規定

剛才提到許多宗教上的因素，導致現代西方人無法放鬆，現在又來提我們應該在宗教裡尋求解藥，似乎自相矛盾。不過，有一件關於休息的關鍵事實，最早領悟的人是宗教社群的成員：不是每次當你停下工作，就會自動獲得休息。你需要制定一些方法，才有可能真正地休息。

我有朋友住在紐約下東區歷史悠久的猶太公寓大樓。那種建築物設置了「安息日電梯」。也就是說，在星期五傍晚與星期六晚上，就算是沒人要進出電梯的樓層，電梯依舊會每層樓都停，原因是電梯已經事先設定好。這樣一來，信仰猶太教的住戶與訪客，就不必擔心違反安息日不得操作電器開關的規定（事實上，古猶太律法上記載的禁令是不准生火，但在現代宗教權威人士的詮釋下，甚至連通電路也算在內。按照他們的解釋，從不准在游泳池替救生圈充氣，到不得撕下廁所捲筒上的衛生紙，其他三十八類禁止進行的活動無所不包）。非猶太教人士會感到這種規定很荒謬，但即便荒謬，當初設置的目的，為的是專門對抗同樣荒謬的人類現實：我們居然需要製造這樣的壓力，在逼迫之下才得以休息。作家舒勒維茲（Judith Shulevitz）解釋背後的道理：

大部分的人誤以為只要停下工作，就不是在工作。發明安息日的人士知道事情遠比那複雜。你不可能像度過漫長的一天後溜上床一樣，一下子就降速到慢活。如同童書裡的魔法靈貓（Cat in the Hat）所言：「享受樂趣很有趣，但你必須知道方法。」這就是為什麼清教徒與猶太人的安息日是如此的刻意，事先必須做好各種準備。你最少必須打掃好房子、把食物櫃塞得滿滿的並洗好澡。相關規定不是為了找信徒麻煩，而是讓你理解，必須動用出乎意料的大量意志力，並在習慣與社會約束力的協助下，才可能打斷沒完沒了的忙個不停。[15]

每週集體休息一天的概念，今日看起來是徹底過時了，只存在於年過四十歲者的記憶中。那群人還記得大部分的商店一週只開六天。此外，某些過時的奇怪法律還留存著昔日的作法，例如我居住的城市禁止在星期日中午前購買酒類。我們因此幾乎忘掉，安息日一度是相當激進的概念。激進之處，至少包括推動安息日的前奴隸們極力指出，安息日適用於每一個人，沒有例外（舒勒維茲提到，妥拉經文設下猶太安息日的規定，就連奴隸都被允許休息，而且一連講兩次，彷彿那是令人匪夷所思的觀念。經文作者知道必須再三強調、極力講解才行）。此外，自從資本主義的開端，安息日顯得激進還有第二種角度：資本主義的力量，正來自永遠在焦慮必須努力得到更多。安息日則以具體的方式說明，你在星期五（或星期六）晚上來臨前完成的工作已經**足夠**，現在再多做也沒意義。基督教神學家布魯格曼（Walter Brueggemann）在《安息有時》（*Sabbath as Resistance*）一書中提到，安息日帶來每個禮拜用一天來「意識並練習我們是神的恩賜的接收者」。[16]你必須是虔誠的信徒，才能體會身為「接收者」是多麼令人如釋重負。至少在今天這一天，你不需要再多**做**什麼，才能證明你存在的價值。

即便如此，在古代做出這樣的心理轉換，想必沒有今日這麼困難——暫停你的工作，以生活「接收者」的身分進入天人合一的和諧時間體驗，感到脫離時鐘，進入「深層時間」，不再無止境地試圖掌控時間。從前的社會壓力讓人輕鬆就能休息：就算你想買東西，只要店沒開，就無法購物；辦公室大門深鎖，也無法工作。此外，如果你知道缺席會引發議論紛紛，你就更不可能不上教堂，或是禮拜天不和家族共進午餐。然而，今日的壓力全都在把我們推往另一個方向：商店每個白天都開著（網路商店更是整晚都能購物）。此外，數位科技讓我們太容易在家接著工作。

個人或家中的規矩，例如：愈來愈受歡迎、自行規定的「數位安息日」，在一定程度上足以填補消失的傳統規範。然而，這類私人規定，缺乏其他每個人都遵守時會產生的社會強制力，不免較難遵守。此外，由於私人規定靠的是意志力，很容易碰到前一章所討論、試著逼自己更「活在當下」會出現的種種問題。為了進入真正的休息體驗，我們身為個人能做的另一件重要的事，就是停止期待感覺會很美好，至少一開始不要。哲學家約翰．格雷（John Gray）寫道：「現代沒有什麼比悠閒更令人感到陌生的概念。」[17]格雷補充說明：「這個年代，除非是為了替其他目標打下基礎，要不然任何事都沒有意義。這種年代怎麼可能會有『玩樂』這種事？」[18]在這樣的年代，真正停下來休息（相對於訓練跑10K，或是為了獲得心靈啟發而參加禪修），幾乎可以保證一開始不會帶來喜悅，而是某種嚴重的不安感。然而，那種不安並非你不該做那件事的徵兆，而是你絕對應該做。

為了健行而健行

仲夏一個雨日，早上七點半剛過，我把車停在路旁，拉上防水外套的拉鍊，走進北約克郡谷地的高原荒地。你獨行時，最能領略那一帶的壯闊之美，不必擔心因為跟同伴聊得太愉快，錯過了荒野的震撼力。我因此開心自己是獨自一路往上走，經過有著絕妙撒旦名字的「地獄谷瀑布」（Hell Gill Force），接著進入一片開闊的地帶。我的登山靴沙沙作響，野雉受到驚嚇，自藏身的石楠花飛了出來。大約再往前走一哩，在遠離所有道路的地方，我看到一座廢棄的迷你石頭教堂。門沒鎖，裡頭靜悄悄的，彷彿多年沒人造訪，但八成昨晚曾經有登山客來過。二十分鐘後，我抵達荒野的最高處，迎著風，品嚐我向來喜愛的寂寥感。我知道有些人寧願在加勒比海的沙灘放鬆心情，也不會想和我一樣讓自己渾身濕透，在風起雲湧的蒼穹下，費力穿越金雀花叢；不過我不會假裝自己懂沙灘派的心情。

當然，我不過是在郊外走一走，這或許是最平凡不過的休閒活動。然而，講到如何度過個人時間，健行的確有一、兩個值得一提的特色。首先，健行不同於我人生中會做的幾乎每一件事，我不需要自問是否擅長：只需要走路就可以了。大約從四歲起，我這項技能就不曾有明顯的進步。此外，健行沒有目的，沒有試圖達成的結果，也沒有嘗試抵達的地方（就連走到超市都有目的：你要抵達超市。至於遠足，你可以繞個一圈，或是走到某個點就回頭，因此抵達終點最有效率的方法，就是根本不要離開起始點）。健行有正面的附帶作用如身體健康，但那通常不是人們健行的原因。如同聽喜歡聽的歌，或是和朋友晚上見面聊一聊，在鄉間散步相當符合哲學家基蘭．塞蒂亞（Kieran Setiya）所說的「無終點的活動」（atelic activity），意思是活動的價值不是來自目的（telos）或最後的目標。你不該設定「完成」散步的目標，也八成不會在人生的某個時間點，完成你打算完成的所有散步行程。塞蒂亞解釋：「你可以停止做這些事，你終究會，但你無法**完成**它們。」它們「不會因為大功告成而結束」，因此從事這些活動的唯一理由，就是為了活動本身：「你散步的時候，除了你現在正在做的事，沒有其他。」[19]

如同塞蒂亞在《中年》(*Midlife*)一書回憶，他在快四十歲時，第一次感到空虛感湧上心頭。他後來發現，那是因為自己過著被計畫追著跑的生活，塞滿具有終點的活動，而不是無終點：主要目標是完成活動並達成某些成果。塞蒂亞為了快點拿到學術界的終身職，在哲學期刊發表論文；他想拿到終身職，為的是獲得可靠的專業名聲與財務安全；他教學，為的是幫自己達成以上的目標，也為了協助學生取得學位，開啟職涯。換句話說，塞蒂亞遇到我們一直在探討的問題：當你與時間的關係幾乎完全是工具性的，當下這一刻便會失去意義。此外，這種感受以中年危機的形式出現非常合理，因為我們許多人來到中年，才第一次感受死亡那一天終將來臨，而這個念頭讓我們無法忽視只為未來而活有多麼荒謬。當你很快就不會再有「以後」，把事情不斷延遲到以後的某一刻，究竟有什麼意義？

史上最悲觀的哲學家叔本華（Arthur Schopenhauer）似乎把這樣的人生空虛，視為人類凡事追求「有用」會帶來的不可避免的結果。我們忙著追求各種我們渴望達成的成就；然而，不論追著什麼跑，比如在任教的大學獲得終身職，你不是永遠處於尚未達成的階段（因此你並不滿意，你尚未得到想要的東西），就是已經達成了（你同樣感到不滿足，因為再也沒有奮鬥的目標）。正如叔本華在代表作《作為意志和表象的世界》(*The*

World as Will and Idea）中所言，人類天生會因為擁有「意志的客體」（object of willing，人生中你想做、想擁有的東西）而痛苦，因為尚未獲得它們很痛苦，但得到它們甚至更糟：「另一方面，如果因為太容易得到滿足，〔人這種動物的〕意志的客體立刻再次被剝奪而不見了，就會產生可怕的空虛感與無聊感；換句話說，人的存有與存在成為無法忍受的負擔，於是像鐘擺一樣擺盪在痛苦與無聊之間。」[20]然而，「無終點的活動」的概念，帶來叔本華可能忽略的另一條路——人生過度工具化的問題或許有著部分的解答：我們可以在日常生活中，納入更多沒有特殊目標的事情。換句話說，就是把更多的時間用在我們單純為做而做的活動。

前衛的洛・史都華

塞蒂亞談的無終點的活動，許多講白了就是嗜好。我可以理解為什麼塞蒂亞不願意用「嗜好」兩個字來談，因為嗜好如今微微帶有可悲的意涵；不論是替幻想人物的公仔上色，或是照顧罕見的仙人掌收藏，許多人很容易一竿子打翻一船人，認為那些投入嗜好的人有問題，不肯全心活在真實的世界裡。然而，這個年代執著於把時間當成工具使用，也難怪嗜好獲得這種令人尷尬的名聲。在這個功利年代，有嗜好的人是怪胎，居然堅持光是事物本身就有做的價值，從生產力或利潤來看，根本沒有報酬可言。我們嘲笑狂熱的集郵者或鐵道迷，但我們的冷嘲熱諷其實是一種心理防衛機制，不必面對自己追求有終點的生活，無止境地尋找未來的幸福美滿，活得並不快樂，而那些有嗜好的人才是真的快樂。此外，這也解釋為什麼有「副業」的尷尬程度低很多（甚至還很「潮」）。副業其實是一種類似嗜好的活動，只不過明確追求利潤。

所以說，要帶來真正的滿足感，良好的嗜好或許**應該**讓人感到有點尷尬；你會尷尬，代表你是為了做而做，而不是為了獲得某種被社會贊同的結果。我對搖滾明星洛·史都華（Rod Stewart）的敬意在幾年前增加不少，因為我在報紙讀到他接受《鐵路模型家》（*Railway Modeler*）雜誌的訪談。[21]他在過去二十年間，組裝了一個超大、複雜的鐵路模型，場景是一九四〇年代的美國城市。那是一座混合了紐約與芝加哥的想像之城，有著摩天大樓、老爺車和髒兮兮的人行道，髒汙處由洛爵士本人親手繪製（他在巡迴演出時會帶著這個模型，需要另外訂一間旅館房間來擺放）。如果拿史都華的嗜好和其他人相比，譬如讓企業家理查·布蘭森（Richard Branson）大出風頭的風箏衝浪，布蘭森無疑享受風箏衝浪這項活動，但我們很難不把他選擇這項娛樂活動當成刻意的安排，八成是為了強化自己天不怕地不怕的品牌形象。史都華的模型火車嗜好實在和他的形象大相徑庭。對比他平日穿皮褲，用沙啞嗓音唱著〈你覺得我性感嗎？〉（Do Ya Think I'm Sexy?）的模樣，很難不得出他是因為熱愛而製作模型的結論。

嗜好還以第二種方式，挑戰我們注重生產力與績效的主流文化：你可以很菜沒有關係，笨手笨腳甚至更好。史都華向《鐵路模型家》坦承，他其實一點也不擅長打造火車模型的場景（他甚至付錢請人幫忙接麻煩的電路）。然而，那或許就是史都華那麼喜歡玩模型的原因：做一件你不可能出類拔萃之事，就可以暫時不必焦慮要「善用時間」。舉史都華的例子來看，他玩模型時不必擔心要取悅觀眾，要把體育館演唱會的門票賣光，向全世界證明他寶刀未老。除了健行，我的另一項娛樂活動便是在我的電子琴上，激情演奏英國藝人艾爾頓·強（Elton John）的歌曲。這個活動之所以非常振奮人心、令我全神投入，至少有部分原因出在我黑猩猩級別的音樂能力，絕不可能為我帶來金錢上的報酬或評論家的讚賞。相較之下，寫作則是壓力大上許多的工作，很難維持全神貫注，因為我忍不住希望寫出精彩的作品，獲得高度讚賞及商業成功，或者至少要過得了自己這一關。

出版商兼編輯凱倫·林納蒂（Karen Rinaldi）看待衝浪的態度，就跟我看待糟糕的鋼琴搖滾一樣，她甚至比我更離譜：林納蒂只要有空就會去衝浪，甚至掏出所有的積蓄在哥斯大黎加買了一塊地，好方便自己親近大海。然而，她毫不臉紅地承認直到今天，她仍是個糟糕的衝浪者（林納蒂為了站上浪頭，整整花了五年才成功）。然而，「在嘗試獲得幾秒鐘的快樂的過程中，」林納蒂解釋：「我體驗到別的東西：除了一定會感受到的耐心與謙遜，我還感到**自由**。我得以自由地追求徒勞無功，滿不在乎自己很爛，這簡直是上天給我的啟示。」[22]成效並非一切，甚至最好不要有效果，因為效果永遠是以後才會出現的東西——而以後永遠太遲了。

10 不耐煩引發的連鎖反應

伸手去拿智慧型手機、再度回到待辦清單、在健身房踩橢圓機，這些高速的生活形式，都是以某種方式逃避情緒。

如果你在紐約或孟買那種人人亂按喇叭的都市住過很長一段時間，你就知道那種聲音有多惹人嫌。不只是因為喇叭聲擾亂了安寧，而且一直按根本就沒意義。每個人的生活品質都因此下降，按喇叭的人自己的人生也不會變得更美好。在我居住的布魯克林一角，每晚的尖峰時間大約從下午四點開始，駕駛就在按喇叭，一直要到八點左右才會停歇；整個布魯克林區在那段時間喇叭聲此起彼落，但只有屈指可數的幾聲有實際的作用，例如提醒某個人小心危險，或是催促某個沒發現燈號已經變換的駕駛。其他所有的喇叭聲傳遞的訊息，就只有「快一點！」而已。然而，每一位駕駛都卡在相同的車陣裡，都想快點開走，也一樣卡在原地；神智清醒的人，不可能真的以為按喇叭會讓事情有所不同，讓車陣終於開始移動。因此無意義的喇叭聲，再次象徵我們不願承認我們的時間有所限制：喇叭聲其實是人在怒吼，我們簡直氣急敗壞，無法催促身邊的世界按照我們的指揮快點行動。

我們在面對其他的現實時，這種獨裁自大的態度讓我們自作自受。古代中國的道教早已窺知這點。《道德經》裡充滿順從與屈服的意象：讀者不斷被提醒，木強則折，上善若水。這樣的隱喻強調，不論你有多強烈希望現狀不是那樣，事情是怎樣就是怎樣。你如果想真正影響這個世界，唯一的辦法就是接受而非抗拒那個事實。然而，亂按喇叭的現象，以及整體而言的不耐煩顯示，多數人都是糟糕的道教徒。我們通常自認有權要求事情以我們希望的速度前進，結果讓自己慘兮兮，不只是浪費太多時間在沮喪上頭，催促這個世界動作快一點通常只有反效果，例如：交通研究很久以前就證實，不耐煩的駕駛行為多半會拖慢速度（等紅燈時，焦躁駕駛人的典型習慣是一點一點不斷逼近前車，但欲速則不達，因為一旦車陣再次開始移動，你還是得緩緩加速，以免追撞）。[1]我們努力影響現實的步調時，很多時候也是同樣的道理。忙中會有錯，急著完成工作反而更容易失誤，不得不回頭修正；當你催促小孩快點穿衣服、要出門了，只會讓穿衣過程花上更長的時間。

不再追求速度

雖然很難用科學證實，我們不耐煩的程度八成比以前高很多。我們對延遲愈來愈沒耐性的現象，反映在每一件事的統計數據上，包括開車抓狂、政治人物受訪片段的長度，以及網路用戶願意等待頁面緩慢下載的平均秒數（有人計算過，Amazon首頁下載的速度每慢一秒鐘，Amazon的年銷售就會損失十六億美元）。[2]然而乍看之下，如同我在本書的前言提及的，這件事實在匪夷所思。從蒸汽機到行動寬頻，幾乎每一項新科技都讓完成事情的速度快過以往。我們的生活愈來愈接近理想中的速度，我們不耐煩的程度難道不該**下降**？不過，自從現代開始加速以來，人們對所有省下的時間沒有心滿意足，而是愈來愈焦慮無法再快一點。

不過，這個謎題可以再度理解成，我們抗拒人生原本就會碰上的限制。科技進展之所以讓我們不耐煩的程度惡化，原因出在每一項新進展看起來都讓我們即將超越極限；新科技似乎保證**這一次**，我們終於可以讓事情的速度，快到幾乎完全掌控不斷開展的時間。也因此每當我們被提醒，我們的操控能力實際上**尚未**達到那種境界，就會感到更不開心。一旦你能用微波爐在六十秒內加熱晚餐，就會以為真有可能在零秒內瞬間加熱完畢，於是實際上要花整整一分鐘，更令人感到煩躁（你大概注意到，上一個人用完辦公室的微波爐後，面板上的微波秒數通常還剩下七、八秒，確切記錄前一個人的不耐煩在那一刻已然來到極限）。此外，很不幸的是，就算你個人有辦法心平氣和、不出現這種反應，依然於事無補，因為你還是會遭遇**社會**的不耐煩——整個文化對於事情需要多久才能完成，期待愈來愈高。一旦多數人認為一小時回覆完四十封電子郵件是理所應當，不論你本人是否也這樣看，你會不會被公司續聘，端看你能否做到。

這種持續升高的焦躁、想要加快現實速度的欲望，最鮮明的例子或許可以參考閱讀的體驗。大約在過去十年間，愈來愈多人提到每當他們拿起一本書，心中就會冒出一股抵抗不了的情緒。有的人形容為「坐立難安」，有的人會說是「分心」；實際上那是一股不耐煩的情緒，大家厭倦閱讀要花那麼久的時間，希望能夠速成。休．馬奎爾（Hugh McGuire）是公領域有聲書服務 LibriVox 的創辦人，也是終生的文學小說讀者（至少直至近日），但連他也哀號：「我愈來愈難專心把詞彙、句子、段落看進去。」「更別說看完幾個章節，畢竟一章通常有著一頁又一頁的無數段落。」馬奎爾提到以前捧著書本躺在床上很愜意，但如今「第一個句子、第二個句子，或許撐到第三個句子吧，接著……我就需要做一點別的小事，好讓自己撐下去，搔一搔我心智背上的癢——用 iPhone 看一眼電子郵件；作家威廉．吉布森（William Gibson）在推特講了件好笑的事，我來回他一下，刪刪打打、打打刪刪；搜尋、追蹤，點選某個連結。哇，《紐約客》雜誌的這篇文章好精彩……」[3]

人們抱怨再也「沒時間閱讀」，然而小說家提姆．帕克斯（Tim Parks）指出，真實的情況並非一天之中都找不出半小時的空檔。人們那樣講的意思是，當他們的確找出一點時間嘗試閱讀，卻感到太不耐煩，沒辦法持續下去。「問題不是出在他們被打斷那麼簡單。」帕克斯寫道：「事實上，他們**想要**被打斷。」[4]問題不在於我們太忙、太容易分心，而是我們不願意接受閱讀活動有著自己的節奏，我們控制不了，一旦囫圇吞棗，閱讀體驗就會失去意義；也就是說，我們希望掌控時間如何開展，但閱讀拒絕配合。如同我們不願承認的眾多現實情況，好好把東西讀進去，需要花上一定的時間。

一定得停下，但停不了

在一九九〇年代晚期，加州的心理治療師斯蒂芬妮·布朗（Stephanie Brown）開始注意到，前來向她求助的客戶明顯出現新的行為模式。布朗的診療室位於矽谷的心臟地帶門洛帕克（Menlo Park）。隨著第一波的網路榮景愈炒愈熱，最早的受災戶開始找上門：這群位高權重的高薪人士，太習慣於瞬息萬變的生活，要他們坐著不動，撐過五十分鐘的診療時間，似乎真的會讓他們的肉體感到痛苦。布朗很快就發現，這群人感受到一陣陣的急切感，其實是一種自我療法——為了避免感受到其他事物。布朗回憶，某次她建議某位女性，或許可以考慮溫和一點的做事方式，對方卻告訴她：「我一慢下來，焦躁感就會湧上來，我必須想辦法消除那種感覺。」伸手去拿智慧型手機、再度回到待辦清單、在健身房踩橢圓機，這些高速的生活形式，都是以某種方式逃避情緒。幾個月後，布朗突然明白她本人其實很熟悉這種形式的逃避。儘管她早就不過那樣的生活了，但中間的連結很明顯。布朗告訴我：「這些人談的是**一模一樣的事！**」[5] 從布朗說話的語氣不難聽出，當初這項發現有多令她興奮。這群矽谷的高成就者，讓布朗想起自己從前酗酒的日子。

若要瞭解布朗領悟到的事情有多重要，必須先知道布朗和許多曾經酗酒的人一樣，相當看重「戒酒無名會」（Alcoholics Anonymous）的十二步驟哲學。這套哲學認為，酗酒基本上源自試圖控制自己的情緒，但是辦不到。未來的酒鬼最初會喝酒，為的是逃避某些痛苦經歷：布朗從十六歲起開始喝很多酒，因為她的父母是終身的酒鬼。若要拉近親子間的情感距離，喝酒似乎是唯一一條路。「我從小就知道家裡有很大的問題。」布朗回想：「但父親第一次遞給我一杯婚宴香檳時，發生了什麼事？我記得我很興奮，根本沒多想，好像我終於可以加入這個家了。」

這個策略起初似乎奏效，因為喝酒暫時麻痺了不快樂的情緒，長期下來卻有嚴重的副作用。不論你怎麼努力逃脫你的處境，真相就是你人在哪、就是在哪——你困在失能家庭或受虐的關係裡，飽嘗憂鬱之苦，或是不願意面對童年創傷帶來的後果，因此情緒很快又會回來，需要喝更烈的酒才能麻痺感受，但這下子酗酒帶來額外的麻煩：布朗不僅苦於必須靠酒精壓抑情緒，還得試著控制酒量，要不然她的感情、工作，甚至人生就完了。此外，布朗在工作與家庭也經歷更多的摩擦，對自身的處境感到羞愧，進一步引發難受的情緒，而喝更多酒是最簡單的自我麻痺法。這是一個惡性循環，也是成癮問題的心理核心。你知道**一定**要停下，但**停不了**，因為傷害你的那樣東西（酒精），感覺像是唯一能控制負面情緒的方法，而事實上喝酒是飲鴆止渴。

布朗表示，現代生活的加速毛病和酗酒是一樣嚴重的問題。拿酗酒來比較「對速度成癮」，或許有幾分誇大。布朗這樣對比，確實有人感覺被冒犯，但她的重點不是忍不住急躁對身體的傷害性，跟飲酒過量一樣大，而是基本機制是一樣的。隨著這個世界愈轉愈快，我們開始相信我們的快樂、財務要能支撐，全得靠有辦法工作、不斷有進展，以過人的速度讓事情發生。我們焦慮跟不上腳步，於是為了壓下焦慮，為了試著感覺生活在掌控中，我們加快速度。然而，這只帶來了成癮的迴圈。我們逼自己更加努力擺脫焦慮感，實際的結果卻是更加焦慮，因為我們腳步愈快，就更加清楚意識到，永遠無法讓自己或世上其他人的速度，加快到我們認為必要的程度（在此同時，速度過快也帶來其他負面的影響，包括：不理想的工作品質、吃得更不健康、關係破裂等）。然而，我們感到唯一可行、唯一能控制住所有增生的焦慮的方法，就是再次加速。你知道必須停止加速，但你也感到不能停下。

這樣的生活方式並非全然不愉快：就如同酒精會帶給酒鬼飄飄然的感受，活在極度高速中，也會產生一股令人興奮的刺激感（正如科學作家詹姆斯．葛雷易克〔James Gleick〕指出，英文「匆促」〔rush〕的另一層意思是「快感」，這並非巧合）。[6] 然而，要靠加速來讓心靈安定，注定要失敗。此外，如果你開始酒喝個不停，熱心的朋友會試著介入，把你導向更健康的生活方式，但速度成癮在社會上通常備受讚揚。你的朋友八成不會阻止你，而是讚美你「有衝勁」。

成癮的人努力奪回掌控，只會落得每況愈下。這種徒勞無功的情況，正是戒酒無名會著名的矛盾哲理的基礎：除非你放棄一切希望，不再試圖打敗酒精，才有希望真正擊敗酒精。套用戒酒無名會的講法，當你「跌落谷底」，也就是情況已經糟到你再也無法欺騙自己，你的看法自然會峰迴路轉。此時酗酒者不得不認輸，承認可恨的事實：自己的確有極限，沒能力駕馭酒精這項工具，來壓抑最痛苦的情緒。（「我們承認，」戒酒無名會十二步驟的第一條寫道：「我們無力抵抗酒精——我們的人生已經不受掌控。」）[7] 唯有放棄藉由傷害自己來達成不可能的任務，才有辦法採取**實際可行**的行動：首先，面對現實，尤其以布朗的例子而言，不論再怎麼適度飲酒，都比不上好好過生活。接下來，再慢慢在清醒的情況下，打造更有收穫、更令人心滿意足的生活方式。

同樣地，布朗主張，我們這些對速度成癮的人必須失速墜毀在地表。我們必須放棄。你接受了現實，事情需要花多少時間，就需要花多少時間，你無法靠加快工作速度來平息焦慮。即便你感到不這樣不行，但你其實沒能力規定現實的步調。此外，由於衝得愈快，你感覺必須再快。布朗的客戶發現，如果能粉碎那一類的幻想，就會發生意想不到的事。他們會和酗酒者一樣，放棄不切實際的渴望，不再想著要掌控，改而採取腳踏實地的作法，勇敢面對現實，踏上康復之旅。心理治療師稱之為「第二序改變」(second-order change)，意思是，這不是漸進式的改善，而是改變觀點，重新看待每一件事。當你終於面對現實，接受你無法要求事情進行的速度，你將不再試著逃離焦慮，你的焦慮就會出現轉變。當你開始進行急不了、挑戰性大的工作專案，將不再引發壓力大的情緒，而是擁抱一項令人振奮的選擇；你不急於讀完難懂的小說，需要多少時間就花多少時間，閱讀成為一種享受。「你開始培養出耐力，撐住，踏出前進的下一步。」布朗解釋。你放棄「要求得到立刻解決問題的辦法，不靠神奇的解藥瞬間擺脫不安與痛苦」。你鬆了一口氣。當你投入真實的人生，清楚意識到自身的極限，你將獲得最不流行、但或許最重要的超能力：耐心。

11 搭上巴士就別輕易下車

放手讓現實順其自然，讓我們十分不安，因此面對問題時，就感到必須快點找出解決辦法。即使是病急亂投醫也沒關係，只要能告訴自己，我們「已經處理了」，維持掌控感就可以了。

耐心可說是有著糟糕的名聲。別的不說，被告知做某件事將需要捺著性子，聽起來就讓人提不起勁。不過明確來講，耐心的問題是令人感到不安地被動。傳統上，耐心是家庭主婦被要求擁有的美德，老公則在外頭過著花天酒地的生活；另一群被告誡要有耐心的人則是少數民族：只要再多等個數十年，你就能擁有完整的公民權。有的員工能力強、但很文靜，他們「耐心等候」升職的一天，但我們一般都認為那大概要等相當久，他們應該大力宣傳自己的績效才對。在這一類所有相關的例子裡，有耐心其實是一種心理調適，接受自己缺乏力量，協助你順從卑微的地位，期盼理論上的美好日子終將到來。不過，隨著社會的腳步加快，事情開始有所轉變。在愈來愈多的情況下，耐心成為**一股**力量。在匆忙的世界裡，掌握這個世界的方法，將是有能力抵抗急就章的衝動，該花多久時間就花多久時間。你得以做真正重要的事，並從「做」中獲得滿足感，而不是一切等以後再說。

我最初是從哈佛大學的藝術史老師珍妮佛・羅伯茲（Jennifer Roberts）那學到這一課。[1]只要是修羅伯茲的課，第一份作業永遠都一樣，那份作業向來以引發學生的哀號聞名：請到地方博物館挑一幅畫或一座雕像，凝視三小時，中間不准收信，不能查看社群媒體，也不可以跑去星巴克（教授不情願地通融可以上廁所）。我告訴朋友，我打算去哈佛拜訪羅伯茲老師，也來嘗試做這個看畫的練習。朋友看著我的眼神散發敬佩，也擔心我精神是否出問題，彷彿我剛才宣布要獨自一人去亞馬遜河泛舟。朋友擔心我的心理健康是應該的，畢竟三小時很長，而我在哈佛藝術博物館（Harvard Art Museum）做這份作業時，也確實如坐針氈，寧願改做其他一百件我通常無法忍受的事，如逛街買衣服、自行組裝家具、用圖釘刺大腿，因為我可以火速做完那些事，不必付出耐心。

羅伯茲太熟悉這種反應了。她堅持要看三小時，因為她知道三小時長到令人痛苦，尤其是習慣快步調生活的人。羅伯茲想讓大家有第一手的體驗。很奇怪，被困在同一個地方、無法加快步調宛如酷刑。此外，她想讓大家知道，為什麼克服那樣的感受、掌握背後的東西是有價值的。羅伯茲告訴我，她最初冒出這個點子，是因為學生面對太多快速前進的外在壓力。除了數位科技造成壓力，哈佛超級競爭的氣氛也雪上加霜。羅伯茲開始感到像她這樣的老師，光是出作業，等學生交上來還不夠。假使她不能想辦法影響學生做事的步調，協助他們放慢到藝術創作要求的速度，那麼她等於沒盡到責任。「學生需要有人允許他們花這樣的時間在**任何事情**上。」羅伯茲說：「必須有人給他們另一套規定與限制，不同於平日主宰他們生活的那一套。」

某些藝術形式以相當明顯的方式，暫時限制住觀賞者：舉例來說，當你觀賞歌劇《費加洛婚禮》的現場表演或電影《阿拉伯的勞倫斯》，你別無選擇，作品有多長，就會上演多長時間。然而，繪畫等其他形式的藝術品輕鬆就能「動手腳」。你太容易告訴自己**瞄**個兩秒，就真的**看**過一幅畫。羅伯茲為了防止學生倉促完成作業，不得不把「不准急」也列為作業。

羅伯茲本人也做過這個練習，她挑的是美國藝術家約翰・科普利（John Singleton Copley）的《男孩與松鼠》（*Boy with a Squirrel*，畫中是一個男孩與一隻松鼠）。「我花了九分鐘才注意到，男孩的耳朵形狀，和松鼠腹部那圈毛的形狀是一樣的。」羅伯茲日後寫道：「科普利讓那隻動物與人類的身體產生某種連結……接著我花了整整四十五分鐘，才發現背景的布幔上那些看似隨機的摺痕，實際上完美複製了男孩的耳朵與眼睛。」

努力抗拒想加快速度的衝動，這樣的耐心一點都不被動，也不是在認命，正好相反。這是一種積極留意當下、接近強大的狀態。等一下我們會談到，這麼做的好處遠遠超出藝術欣賞的範圍。不過這裡先聲明，當你連續三小時坐在哈佛藝術博物館小張的折疊椅上，看著竇加（Edgar Degas）畫的《紐奧良的棉商》（*Cotton Merchants in New Orleans*），你的手機、筆電與其他讓你分心的物品全都存放在寄物處，碰都碰不到，此時你會花最初的四十分鐘想自己到底在想什麼。你還記得嗎？你怎麼可以忘掉？你一直都痛恨美術館，尤其是那些拖著腳步的參觀者，他們似乎會藉由空氣傳染某種疾病，讓你昏昏欲睡。你盤算是否該換一幅作品看，因為你發現你選了超級無聊的一幅畫（《紐奧良的棉商》根本沒畫什麼，就是房間裡有三個人在檢視一捆捆的棉花），一旁布勒哲爾（Bruegel）的作品豐富多了，有好多東西可看（數千個迷你靈魂在地獄裡飽受折磨）。然而，你被迫向自己承認，你來這裡原本是為了學習抗拒不耐煩，要是選一幅新的畫作重新開始，就等於是屈服了。你想做到不會不耐煩，卻想用不耐煩來掌控自身的體驗。

為了不認輸，你繼續等，從暴躁變成了疲憊，最後覺得煩死了。時間過得好慢，索然無味。你在想是不是已經過了一小時，但一看錶，才過了十七分鐘。

來到大約第八十分鐘的時候，在你沒注意到究竟是何時發生、怎麼發生的，變化出現了。當你終於放棄逃避時間過得好慢所引發的不自在，那種感覺消失了。竇加的畫作開始揭曉暗藏的細節：三人的臉上微微帶著警惕與悲傷的神色。你第一次真正注意到在這個白人的世界裡，三人中有一名商人是黑人。此外，你先前沒看見，但畫裡那抹不曉得是什麼東西的陰影，有點像是第四個人，藏在視野看不見的地方；古怪的視覺錯覺讓你感覺其中一人是以傳統的實體畫法描繪，或是像鬼魂一樣透明，端賴你的眼睛如何詮釋畫中的其他線條。不久之後，你開始體驗到眼前的場景刺激著各種感官：你感受到那個紐奧良房間傳來的濕氣與幽閉恐懼症，地板嘎吱作響，空氣帶有灰塵的氣味。

第二序改變出現了：這下子你拋棄徒勞無功的努力，不再想要指定體驗進行的速度，得以進入真正的體驗。你開始瞭解哲學家羅伯特．格魯丁（Robert Grudin）在說什麼。他說有耐心的體驗是「有形的，幾乎可食」，[2]就好像耐心讓事物有了某種嚼勁。這樣的文字形容不太足夠，但已經是最接近的一種，讓你幾乎可以咬下去（譯註：英文「咬下去」sink your teeth 的引申義是全心投入）。你投降了，不再幻想能控制現實的步調。你獲得的獎勵是終於能把握現實。或是套用英國人的講法，你得以真正體驗生活。

觀察，然後等待

心理治療師派克（M. Scott Peck）在他的《心靈地圖》（*The Road Less Traveled*）[3]一書中提到，他某次臣服於現實速度的體驗，讓他脫胎換骨。那次的體驗點出耐心除了是更平和及活在當下的生活方式，也是實用的技能。派克解釋他自認在三十七歲前是「機械白痴」。每當碰上需要修理家電、汽車、腳踏車等物品的時刻，幾乎完全束手無策。然而有一次，派克碰上鄰居在修理割草機。派克以自嘲的方式讚美對方：「天啊，我太佩服你了。我這輩子永遠修不了那種東西！」

「那是因為你沒花時間。」鄰居回答。那句話一直在派克的心頭縈繞不去。幾星期過後，派克某位病患的車子手煞車不巧卡住了。派克再次想起鄰居的話。派克寫道：一般來講，他會「立刻亂扯幾條線，根本不知道自己在做什麼，一點用都沒有，然後雙手一攤，宣布：『這我不會！』」不過，這一次派克想起鄰居斥責他的話：

我躺在汽車前座的底盤下方，花時間研究到底是怎麼一回事……一開始，我只看到一團混亂的線路、管子和桿子，我不曉得那些東西是幹什麼的。但漸漸地，我不慌不忙，把視線集中在煞車裝置的部分，看看接到哪裡。我發現有一個小卡榫讓煞車無法鬆開，我緩緩研究這個卡榫，突然明白用指尖往上推，很容易就能推上去，接著煞車就鬆開了。我也這麼做了。單單一個動作，指尖稍微出點力，問題就解決了。我簡直是厲害的修車師傅！

派克發現，如果你願意忍受無知帶來的不安，解決方法通常會自己冒出來。作為修理割草機和汽車的建議，派克的心得自然能派上用場。不過，不論是創意工作、關係困擾、政治或育兒，派克要談的重點幾乎適用於人生所有的領域。放手讓現實順其自然，讓我們十分不安，因此面對問題時，就感到必須快點找出解決辦法。即使是病急亂投醫也沒關係，只要能告訴自己，我們「已經處理了」，維持掌控感就可以了。於是，我們打斷另一半，不聽完他們想說什麼，因為等待與聆聽會讓我們（正確地）感受到這件事不是由我們控制。我們放棄困難的創意計畫或剛萌芽的戀情，因為相較於等著看事情會如何發展，「乾脆算了」可以讓不確定性大幅下降。派克回憶，他有一位病人是成功的金融分析師，但碰上管教孩子的挑戰時，竟然不管三七二十一，想到什麼就做什麼：「她會在幾秒內做出第一個想到的改變，比如要孩子多吃一點早餐，或是提早叫他們上床睡覺，根本不管做這樣的改變和問題本身有沒有任何關係。她如果不亂做一通，下次來接受診療時……就會充滿絕望感地說：『我沒辦法了，我該怎麼辦？』」

耐心的三原則

如果要駕馭耐心的力量，在日常生活中靈活運用，有三條經驗法則特別實用。第一條是**讓自己喜歡遇上問題**。我們匆忙面對每一項障礙或挑戰，努力「處理」，背後沒說出口的幻想通常是，有一天你終於能抵達無憂無慮的境界。也因此，多數人把遇到問題當成雙重的麻煩：第一重麻煩是那個特定問題本身；第二重麻煩是就算只是潛意識這麼認為，我們似乎深信根本不應該有問題才對。然而，我們顯然永遠不會處於毫無問題的狀態。更精確地說，你不會想要處於那種狀態，因為一點問題都沒有的人生，就沒有任何有價值的事情可做，所以也不具意義。究竟什麼是「問題」呢？最廣泛的定義就是需要你處理的事務。如果人生少了這類需求，那麼任何事情都沒意義了。一旦你放棄「消滅所有問題」這個無法達成的目標，你就有可能明白，生活只**是**處理一個又一個問題的過程而已，每個問題需要花多少時間就花多少時間。換句話說，人生中出現問題並不會妨礙「有意義的存在」，而是存在的本質。

第二條原則是**聚沙成塔**。心理學教授羅伯特．博伊斯（Robert Boice）在研究生涯中探討學界同仁的寫作習慣。他的結論是，相較於其他人，最有生產力、最成功的學者，一般把寫作當成每天做的事情中**較小**的一部分，所以更有可能持之以恆天天寫作。他們培養出耐心，忍受每天的產出大概不會太多，結果長期下來，反而比別人產出更多。他們每天花一小段時間寫作，有時才十分鐘，而且從來不超過四小時。此外，他們週末一定會休息。博伊斯教授試著把這個作法，傳授給慌亂的博士生，但很少有學生聽進去。學生抗議道，截止日期就要到了，這種放縱自己的工作習慣行不通。他們必須完成論文，而且要快！然而對博伊斯來說，那種反應正好證明了他的論點。就因為學生沒耐心，想要加快工作速度，超出原本應有的步調，急著衝到終點線，才會沒進度。學生受不了不安感。那種不安來自被迫承認自己無力掌控創意過程的前進速度，因此想辦法逃避。有的人根本不開始進行，或者一頭撞進壓力十足、全天都在瘋狂拚進度的循環，進而導致日後的拖延，因為在趕工的過程中，他們開始痛恨這整件事。

聚沙成塔違反大量主流的生產力建議。聚沙成塔的關鍵是每天分配的時間到了之後，願意停下來，即便你感到今天精神特別好，還能多完成更多進度。如果已經決定挪五十分鐘做某個計畫，那麼五十分鐘過去後，就起身不要再做了。為什麼？因為博伊斯教授解釋，急著往前多做一點，「有很大一部分隱含著尚未完成帶來的不耐煩，覺得不夠有生產力，擔心不會再有這麼理想的工作時間。」[4]停下來，可以強化耐心的肌肉，有能力一次又一次回去執行計畫，因此整個職涯都能維持生產力。

最後一項原則是**原創性**通常**位於非原創性遙遠的另一頭**。芬蘭裔美國攝影師阿諾·明基寧（Arno Minkkinen）用一則赫爾辛基巴士總站的寓言說明耐心的力量，以生動的方式點出深刻的事實。[5]明基寧解釋，赫爾辛基總站一共有二十四個巴士月台，每個月台都有好幾條公車線發車。在乘車路線的第一段，從任一月台離站的每一輛巴士，在市區都會經過同樣的站，路線完全相同。明基寧建議攝影系學生，把每一站想成職涯中的一年。挑好某個藝術發展方向，例如開始鑽研裸體習作的白金攝影，累積出一冊攝影集。三年後（三個巴士站後），你自豪地拿給藝廊老闆看，結果垂頭喪氣離開，因為老闆說，你的攝影作品沒有自以為的那麼原創，看起來就像在模仿攝影大師歐文·潘恩（Irving Penn）；潘恩的巴士路線跟你一模一樣。你懊惱浪費了三年時間追隨別人的腳步，你跳下巴士，攔一部計程車，回到巴士總站。這一次，你搭上不同的巴士，選擇不同的攝影類別，努力專精。然而，幾站之後又發生一樣的事：你被告知新作品也像是源自某個派別。你再次回到總站。然而，同樣的模式一再重複：不論你產出什麼作品，都不被當成真正屬於你的東西。

該怎麼辦？「很簡單，」明基寧說：「你就留在車上不要下來，**待在那台該死的巴士上**。」出了市區之後，赫爾辛基的巴士路線就會開始相異，穿越郊區，抵達鄉間，最後抵達不同的目的地。具備個人特色的作品，就是從**那裡**開始出現，不過唯有具備耐心的人才會有那麼一天。他們全心投入早期的階段，在那個試誤期模仿他人，學習新的技巧，累積經驗。

這則故事的寓意不只適用於創意工作。在人生的許多領域，既有文化給我們的壓力是必須開創獨特的方向。我們為了追求明顯更刺激、更原創的東西，拋棄結婚生子或留在家鄉的傳統選項，甚至不接受辦公室工作。然而，如果你永遠以這種方式突破傳統，你也奪走了讓自己體驗其他事物的可能性。唯有先耐心走過眾人走過的路，才有可能接觸到更豐富的獨特形態。如同藝術史教授羅伯茲看畫三小時的練習，你必須願意先停下來，待在你所在的地方，才有辦法參與那部分的旅程，而不是永遠在跟現實討價還價，急於求成。如果要體驗老夫老妻過人的默契，你得先和同一個人維持婚姻關係；如果想知道在特定的社區與地方扎根是什麼感覺，首先你得不再四處搬家。那一類意義十足的非凡成就，需要花上一定的時間，才能水到渠成。

12 數位游牧者的寂寞

數位游牧者的生活方式和眾人不同步，人際關係很難扎根。不是數位游牧者的我們也一樣，我們愈能夠自由選擇在何時何地工作，就愈難透過工作建立人際關係……

臣服於時間的限制，不再老是試圖要求事情該如何開展，將獲得最深層的自由。此時，拿出耐心不是唯一的方法。我相信你已經注意到，另一種永遠煩人的現象是其他人以無數令人沮喪的方式，不斷和你的時間起衝突。幾乎所有的生產力建議都大同小異，假設在一個理想的世界裡，唯一能替你的時間做主的人就只有你自己：你自行安排時間表，做你選擇做的工作，想放假就放假，整體而言不必受制於任何人。然而，即便能做到這種程度的掌控，背後還是有代價的，到頭來並不值得。

每當我覺得痛恨最後期限，受不了幼兒的睡眠模式不固定，或是因為有其他事打亂我的時間安排，我會試著回想瑪利歐．薩爾塞多（Mario Salcedo）帶來的警世故事。古巴裔美國人薩爾塞多是一名財務顧問，幾乎可以確定他是在遊輪上待過最多晚的紀錄保持人。薩爾塞多待在遊輪上的二十年期間或是近八千個夜晚，主要是搭乘皇家加勒比遊輪公司（Royal Caribbean Cruises）的船。船上的工作人員喊他「超級瑪利歐」。超級瑪利歐是海上居民，二〇二〇年新冠病毒疫情爆發期間，是他在船上的生活唯一被嚴重打斷的一次，他無疑完全掌控了自己的時間。有一次，超級瑪利歐在「海洋魅惑號」（*Enchantment of the Seas*）的游泳池畔，告訴電影製作人蘭斯．奧本海姆（Lance Oppenheim）：「我不必倒垃圾，不用打掃，不必洗衣服，所有不會帶來附加價值的活動都不必做，我可以把所有的時間拿來享受我喜歡做的事。」[1]不令人意外的是，薩爾塞多在鏡頭前，似乎不是真如他所說的那麼快樂。在奧本海姆的短片《全世界最快樂的人》(*The Happiest Guy in the World*）中，薩爾塞多在甲板上散步，手裡拿著雞尾酒，凝視著大海，露出嘴唇緊閉的笑容，尷尬地親吻他稱為「朋友」的人的臉頰——皇家加勒比遊輪的員工，然後抱怨艙房裡的電視收不到福斯新聞。薩爾塞多告訴三三兩兩路過的乘客：「我大概是全世界最快樂的人！」大家微笑點頭，彬彬有禮地假裝羨慕。

當然，我無權斷言薩爾塞多不像他宣稱的那麼快樂，或許他真的快樂，但我知道要是我過著他的生活，**我**不會快樂。我認為問題出在他的生活方式錯誤理解了時間的價值。借用經濟學的概念來解釋，薩爾塞多把時間視為「預算財」——你掌控的數量愈多，就愈有價值（金錢是典型的預算財：掌控的數量愈多愈好）。然而，時間也是「網路財」，意思是具有多少價值，要看**除了你以外**，還有多少人也能取得，以及其他人手中的那樣東西與你配合的程度。舉例來說，電話網是明顯的例子：電話的價值要看除了你，還有多少人擁有電話（有電話的人愈多，你擁有電話的好處也就愈多；電話和金錢不一樣，替自己累積大量的電話機子沒什麼意義）。社群媒體平台的道理也一樣。重點不是你一個人有多少臉書帳號，而是有多少人也在使用臉書，而且那些人的臉書要與你的相連。

時間和金錢一樣的地方，在於其他條件都相同時，時間多是好事。然而，如果你被迫只能自己一個人使用，就算你擁有全世界的時間，也沒有太大用處。假使要用時間做無數重要的事，如社交、約會、育兒、創辦事業、發起政治運動、帶來技術進展，你得和其他人同步運用時間。事實上，擁有大量的時間卻沒機會和大家一起使用，不僅毫無用處，還會讓人很不快樂。這就是為什麼就前現代的人類而言，最慘的處罰就是被放逐，遺棄在某個遙遠的地方，無法跟隨部落的節奏生活。然而，超級瑪利歐成功主宰自己的時間後，似乎也等於讓自己被流放，只不過生活條件好一點。

同步與不同步

不過，真正令人感到困擾的是，即便我們不曾夢想要過薩爾塞多的那種生活，依舊可能犯下相同的基本錯誤。我們把時間當成某種可以私藏的東西，但實際上，更好的運用方法是找人分享，即便你得讓出部分的決定權，商量好你們想在什麼時候做什麼事。我得承認我之所以離開報社工作，成為在家工作的寫作者，主要動機便是更能獨立掌控自己的時間。此外，這也是許多看似絕對正面的職場政策背後未明說的理由，比如方便員工帶孩子的彈性工時，以及讓員工選擇遠距工作的安排，在疫情造成封城後確實愈來愈普及。從漫畫家轉為自我成長大師的史考特．亞當斯（Scott Adams），總結個人時間主權的精神：「時間表有彈性、資源普通的人，比擁有一切、但時間表不彈性的富人快樂。」因此亞當斯說：「尋找快樂的第一步，就是持續努力掌控你的時間表。」[2]最極端的版本是成為現代生活選項中的「數位游牧民族」（digital nomad，亦稱作「數位游牧者」），從你死我活的競爭中解放出來，帶著筆電隨心所欲地環遊世界，在瓜地馬拉的海灘或泰國山頂，經營自己的網路事業。

然而，「數位游牧民族」這個名稱其實並不恰當，但是也帶來了啟示。傳統的游牧民族並非獨自一人四處流浪，只是碰巧沒帶筆電而已；游牧民族其實過著緊密的團體生活，他們擁有的個人自由甚至**少於**定居的部落，因為生存要靠團結合作。此外，數位游牧者在誠實吐露心聲的時刻，坦承這種生活方式的主要問題在於十分孤獨。「去年我造訪了十七個國家，今年我將造訪十個。」作家馬克．曼森（Mark Manson）先前還在當數位游牧者時寫道：「去年我在三個月內，參觀了泰姬瑪哈陵、中國長城和馬丘比丘……但都是獨自一人造訪。」[3] 曼森得知另一位流浪者「在日本的一個小型郊區，看到不同的家庭在公園騎腳踏車時，突然開始痛哭。」那位數位游牧者開始明白，他以為的自由（理論上，他隨時可以在自己挑選的時間做自己想做的事），卻讓如此平凡的樂趣變得遙不可及。

這裡的意思，不是自由業或長期旅行本身不好，對家庭友善的職場政策更絕對不是壞事。只是不免有不受歡迎的另一面：當你獲得個人的時間自由，相對就會損失與他人協調時間的可能性。數位游牧者的生活方式和眾人不同步，人際關係很難扎根。即便不是數位游牧者的我們也一樣，我們愈能夠自由選擇在何時何地工作，就愈難透過工作建立人際關係，也更不可能在朋友有空時社交。

二〇一五年，瑞典烏普薩拉大學（Uppsala）的研究人員泰瑞．哈蒂格（Terry Hartig），和幾位同仁精彩地證明了同步與生活滿意度的關聯。[4]哈蒂格聰明地想到要比較「瑞典的假期模式」和「藥師給出抗憂鬱劑比率」的統計數字。哈蒂格的兩項主要發現，有一項沒有什麼好講的，他發現瑞典工作者放假時比較快樂（計算方法是他們平均而言比較不需要抗憂鬱劑）。另一項發現則帶來啟發：哈蒂格證實，使用抗憂鬱劑的下跌幅度變大，與任一時刻有多少瑞典人口在度假成正比。稍微換句話說，同時休假的瑞典人愈多，民眾就愈快樂。休假的人不僅因為假期本身獲得心理上的好處，和其他人一起放假也有所影響。許多人一起放假時，好像有一股無形的放鬆力量，那種超自然的力量籠罩著全國。

不過仔細想想，其實不需要從超自然的角度解釋，也符合邏輯。如果親友也放假，你們比較容易一起培養感情。此外，若是你確定自己試著放鬆時，全辦公室都沒人，你就不必焦慮你沒上班時累積了多少沒做的工作，收件匣湧進了多少信件，也不必擔心狡猾的同事在你背後搞鬼。儘管如此，大家同時放假會在全國掀起漣漪效應，這一點還是很微妙。哈蒂格證實，儘管已退休人士已經沒在工作，也沒有休不休假的問題，大多數瑞典的勞動人口放假時，退休人士也會變得比較快樂。哈蒂格的研究發現呼應了其他研究。其他研究證明，就跟在職人士忙了一星期後放鬆一樣，長期失業者在週末來臨時也較為快樂，即便他們平日沒在工作。[5]有一部分原因是能夠和放週末的人共度時光，週末變得有趣多了。此外，對失業人士來講，週末提供了喘息時間，不必因為自己理應在工作卻沒有而感到羞愧。

哈蒂格的研究引發爭議，但他不諱言地指出，他的研究顯示人們需要的不是更能夠自行掌控行事曆，而是「社會的時間管制」（the social regulation of time）：藉由更大的外在壓力，讓大家以特定的方式運用時間。也就是說，人們必須更願意配合社群的節奏；我們需要更多類似數十年前的安息日傳統，或是和法國一樣，每年夏天全國放大假，幾乎每件事都停擺數個星期。我們甚至應該訂定更多法規，規定民眾何時可以工作、何時不准工作，譬如：限制商店星期天不能開門，或是像歐洲近日立法禁止雇主下班後發電郵給員工。

幾年前，我到瑞典出差，fika 讓我體驗到微型版的類似概念。Fika 是瑞典文，意思是在工作地點，每天會有一個時段讓大家起身離開辦公桌，一起喝咖啡、吃蛋糕。Fika

就像很多人一起參加的咖啡休息時間，但若說 fika 僅只如此，瑞典人會感覺有點被冒犯，而瑞典人的「一點」等同於非瑞典人遭受了奇恥大辱，因為 fika 時間會發生無形卻很重要的事。辦公室裡不分年齡、階級與地位的人聚在一起，不分你我，討論和工作有關或無關的事：在那半小時的時間裡，溝通與開心地吃吃喝喝比組織裡的位階或地位來得重要。一位資深經理告訴我，如果要知道公司真正發生什麼事，最有效的方法就是參加 fika。然而，fika 要發揮作用，參加者必須放棄對個人時間的部分掌控。如果你堅持，也可以不參加 fika，改在其他時間暫停工作，喝杯咖啡，但同事會揚起眉毛。

不論我們是否意識到這件事，願意配合社群的時間，其實帶給我們莫大的好處。如果要瞭解這是怎麼回事，可以觀察個人被迫不得加入社群活動時會發生什麼事。歷史學家克萊夫・佛斯（Clive Foss）曾經描述在蘇聯領導下發生的惡夢。[6] 領導階層因為渴望把國家改造成高度有效率的機器，便著手重新制定時間。蘇聯人向來受效率專家腓德烈・溫斯洛・泰勒（Frederick Winslow Taylor）的啟發。泰勒的哲學是「科學管理」，致力於從美國工廠勞工的身上榨出最多的產出。然而，史達林的經濟總長尤里・拉林（Yuri Larin）進一步提出野心勃勃的計畫，今日回頭看簡直荒謬至極。拉林打算讓蘇聯的工廠全年三百六十五天運轉，永不停歇，因此他在一九二九年八月宣布，一星期不再是七天，而是五天：工作四天，接著休息一天。然而，關鍵在於不是所有的工人都遵守相同的行事曆。他們被分為五組，黃組、綠組、橘組、紫組、紅組，每一組被分配到不同的四天工作日與一天週末，好讓工廠的運轉永遠不會中斷，一天都不停下。蘇聯當局主張，新制度將帶給無產階級莫大的好處：每年休息的總天數增加，文化機構與超市就不會人擠人，人流會更加穩定。

然而，作家舒勒維茲解釋，一般的蘇聯人民受到的主要影響是不再能擁有社交生活，看行事曆就知道了。兩個朋友如果被分配到不同組別，他們永遠不可能在同一天見面。夫妻理論上會被分配到同一組，但通常不會，結果就是家庭生活因為明顯的理由承受很大的壓力。禮拜天的宗教集會也被迫中斷。從莫斯科中央政府的角度來看，這一切都不是問題，因為共產主義的使命，就是打擊家庭與教堂這兩個與政府作對的權力中心（歷史學家理查德〔E. G. Richards〕記錄這場實驗時，提到「列寧的遺孀充滿馬克思主義的精神，她認為星期日的家庭聚會是廢除星期日的好理由」）。[7]有一位工人相當大膽地向官方報《真理報》（*Pravda*）抱怨：「如果老婆在工廠、孩子在學校，又沒人來拜訪，我們待在家要做什麼？除了去公共茶館，還能幹嘛？分批休假，而不是所有工人一起休假，那是什麼樣的生活？如果你被迫獨自慶祝，那就不是假日了。」[8]蘇聯改造過後的工作週制度，一直延續到一九四〇年，最後因為機器維修的問題被捨棄，但蘇聯政府已經無意間證實在多大的程度上，時間的價值並非單純來自你個人擁有多少時間，而是能否與你最愛的人共度。

有福同享，有難同當

此外，你和其他人高度同步時，內心會湧出一種感受，好像時間變得**更真實**——更強烈、更鮮明、更充滿意義。一九四一年，美國一個叫威廉．麥克尼爾（William McNeill）的年輕人，受徵召進入美國陸軍。他被送至德州的營地接受基本訓練，四周盡是廣闊無邊的灌木叢。理論上，麥克尼爾到那裡是為了學習如何操作防空砲，但全營地就一座防空砲，受訓者則有幾千人，甚至那座砲還常故障。負責的軍官只好用傳統的行軍操練，填補大家沒事幹的空檔。乍看之下，連麥克尼爾這種菜鳥都懂，這樣的操練毫無意義：二戰時，軍隊早已是靠卡車和火車運送到遠方；此外，在機關槍的年代，在戰役最激烈的時刻正式行軍，無異於請敵人屠殺你，所以麥克尼爾根本沒料到，和同袍一起行軍會令他如此震撼：

在沒有目的地的情況下，在訓練場上行軍。大家擺出規定的戰鬥姿勢，整齊劃一，浩浩蕩蕩。不曉得為什麼，努力跟上步伐、即時做出下一個正確動作，感覺很美好。我無法用文字形容操練時長時間的整齊動作在我心中激起的情緒。我能想起一種眾人樂觀向上的氛圍，特別奇妙的是，你彷彿成為大我的一部分；由於參與了集體的儀式，你整個人昇華了……光是跟著大家一起精神抖擻地前進，就感到人生有望。大家一起做動作帶來了滿足感，隱約感到整個世界都很美好。[9]

那次的體驗讓麥克尼爾留下深刻的印象。他在戰後成為專業的歷史學者，在《合拍》(*Keeping Together in Time*) 專門討論相關的概念。麥克尼爾在書中主張同步的動作，搭配同步的歌唱，是世界史上被大幅低估的力量。同步凝聚過各式各樣的團體，例如金字塔的工人、鄂圖曼帝國的軍隊，以及每天開工前一起做體操的日本辦公室工作者。羅馬將軍率先發現，士兵若是以整齊的步伐行軍，行軍距離會大增，直到累得再也走不動為止。演化生物學家也推測，音樂本身（除了把音樂當成更重要機制的美好副產品，很難用達爾文的天擇來解釋這個現象）有可能源自讓一大群部落戰士協調動作的需求。[10]眾人只要跟著節拍與旋律，動作自然整齊劃一；其他形式的溝通則太過繁複，不適合拿來指揮。

在日常生活中，我們隨時都在同步，不過通常是在不知不覺的情況下：在劇院，掌聲通常會自發性地出現節奏；如果你和朋友一起走在街上，甚至是陌生人，你們的步伐很快就會開始同步。這種下意識想要協調動作的衝動十分強大，就連宿敵都抗拒不了。若要找出兩個想盡辦法擊敗對方的人，至少明面上如此，最明顯的例子大概是短跑健將尤塞恩．博爾特（Usain Bolt）與泰森．蓋伊（Tyson Gay）。兩個人在二〇〇九年的世界田徑錦標賽，競爭男子組百米的冠軍頭銜。然而，將該場比賽的畫面逐幀分析、研究之後發現，博爾特理論上全心要贏，但他忍不住與蓋伊的步伐同步。[11]而且幾乎可以確定這對博爾特來講更有好處，因為另一項研究顯示，配合外在的韻律會以察覺不到的方式增加步伐的效率，也就是說蓋伊很有可能在違背自身意願的情況下，協助對手創下新的世界紀錄。

舞者都知道自己沉浸於舞蹈時，同步是通往另一個次元的入口——當他們抵達那個神聖的天地，自我的界線開始模糊，時間彷彿不存在。我加入社區合唱團時也有過那樣的感受，當參差不齊的業餘聲音完全交融時，便出現少有業餘獨唱者能唱出的悅耳聲音（二〇〇五年的相關研究以枯燥的術語指出，「當人聲樂器達到中等品質時」，合唱帶來的龐大心理益處不會減少）。[12]在這方面，我還有過更世俗的體驗。舉例來說，我每個月在食物合作社輪值時，和其他工作者一同將一箱箱的胡蘿蔔和花椰菜放上輸送帶。我幾乎不認識那些人，但幾小時後便開始感到我與他們之間的連結，甚至超過某些我實際認識的朋友。在那段時光，我們有如參與了修道院的社群節奏，同步祈禱，同步勞動，出現一股向心力，對於當天有著共同的目標。

在這樣的時刻，有神祕的事物在發揮作用。最好的證明，或許是遭逢危難與決定生死時可以運用這樣的力量，畢竟從軍事指揮官的角度來看，士兵同步的主要好處，不是行軍的距離可以增加，而是一旦他們感到自己是大我的一分子，會更願意替自己的部隊拋頭顱灑熱血。在高聳壯麗的教堂，在韓德爾的《彌賽亞》神劇排練過程中，業餘合唱者能夠理解人是如何進入那樣的心境。參加合唱團的作家史黛西．霍恩（Stacy Horn）表示：「我一個人獨自唱歌的時候，這個世界不會突然打開來，光芒萬丈，充滿希望與可能性。」那種情形只會發生在「身邊圍繞著其他唱詩班成員，大家唱出的各種聲音和在一起，和諧地震動。我們正在歌唱的歷史音樂傑作流過我們的大腦與身心，像螢火蟲一樣同步閃爍，一起發光。」[13]

永遠不必見朋友的自由

問題出在我們真正想要的時間自由是什麼？一方面，我們的文化讚揚自行一手掌控時間：你得以自由設定行程、自主做選擇、**不會**有其他人干擾你如何運用寶貴的四千禮拜。另一方面，願意加入這個世界的節奏，也將帶來深刻的意義：你**自由**參與所有寶貴的協作，不過你至少需要犧牲部分的掌控權，無法全權決定在什麼時間做什麼事。提供生產力建議的書籍，每一頁都在教你如何達成由你全權掌控的自由，比如：理想的晨間作息安排、嚴格的個人時間表、限制每日回覆電子郵件的時間戰術，以及苦勸你必得「學著說不」。這些方法全是在保護你的時間，不讓其他人施加太多影響力，擺布你如何運用時間。這些策略無疑有其作用：我們的確需要設下堅定的界線，才能抗拒欺人的主管、剝削員工的安排、自戀的配偶，以及想要討好別人的贖罪心態，不讓自己的每一天被支配。

然而，作家舒勒維茲也指出，這種個人主義自由的問題在於，被這種心態操控的社會（例如我們的社會）最後會無法同步——出現與蘇聯一週改為五天的實驗異常相似的結果，這項實驗引發了龐大的問題，窒礙難行。我們的生活作息與節奏愈來愈相異。市場經濟的要求，強化了這種自行其是的個人主義精神，最終破壞傳統安排時間的方法。大家休息、工作與社交的時間，愈來愈缺乏一致性。下班後，我們愈來愈難找到時間全家悠閒吃頓飯，無法一時興起就去見朋友，也無法呼朋引伴做同一件事，如整理社區的花園、參加業餘搖滾樂團。

對最弱勢的人來講，掌握這種自由等於根本沒自由，因為這代表要接受：無法預測什麼時候有案子接的零工經濟工作、「隨傳隨到的工作行程」，因為你工作的大型商場零售商，隨時可能安排你上工，而每小時究竟需要多少勞力，由演算法依據銷售額計算，你根本不可能計畫好什麼時間可以帶小孩或者去看醫生，更別提晚上和朋友出去玩。然而，即便相較於先前的世代，我們自行掌控工作的程度大幅增加，結果工作仍然像水一樣滲入我們的生活，待辦事項塞滿每一個空隙。在疫情封城期間，這種情況似乎愈演愈烈。那種感覺彷彿是你、你的另一半、你最常來往的朋友，全被分配到不同顏色的蘇聯工作小組。我和太太很難一星期找到一小時好好聊一聊，我和三個最好的朋友也很難聚會喝杯啤酒，原因通常不是嚴格意義上的我們「沒時間」，即便我們是那樣告訴自己的。我們的確有時間，但很難找出所有人剛好都有空的時間。我們完全能自由地按照個人的行事曆做事，但依舊被工作綁住，結果就是我們和親朋好友的生活無法互相配合。

此外，就連政治也受到影響，因為草根政治（集會、大會、抗議與催票的世界）是需要協調的活動中最重要的一種，而時間不同步的民眾很難參加，結果就是缺乏集體行動，獨裁領袖取而代之。獨裁者藉由獲得平日組織鬆散的民眾的廣泛支持而崛起。民眾彼此之間很陌生，每個人困在家中的沙發上，被迫接受電視上的政治宣傳洗腦。漢娜・鄂蘭（Hannah Arendt）在《極權主義的起源》（*The Origins of Totalitarianism*）中寫道：「極權主義運動是由分裂、孤立的個人構成的群眾組織。」[14]對獨裁者有利的情勢便是，支持者之間唯一真正的連結就是對獨裁者本人的支持。在同步動作的確打破孤立的時刻，如二〇二〇年，死於明尼亞波利斯警方之手的喬治・佛洛伊德（George Floyd），引發了全球的示威活動。抗議群眾在描述他們的感受時，很容易讓人想起麥克尼爾所說的，「很奇妙的是，你彷彿成為大我的一部分」：你感到這一刻無比重要，你因為使命感興奮不已。

正如我們其他的時間問題，我們不再同步，顯然無法單從個人或家庭的層級解決（你要是想說服街坊鄰居每週在同一天休假，那祝你好運了）。不過，我們每個人確實可以決定要不要配合個人時間主權的精神，或是加以抗拒。你**可以**把你的生活進一步推向第二種類型的社群自由。首先，你可以參加業餘的合唱團、體育隊、社會運動團體或宗教組織，下定決心藉由損失行事曆的彈性，交換社群的獎勵。你可以把實體世界的活動排在數位活動之前。在數位的世界，就連共襄盛舉的活動，最後都讓人感到莫名地孤獨。此外，如果你和我一樣是生產力狂，天生有強迫症，想要掌控自己的時間，你可以實驗一下，**不以**鐵腕精神操控時間表是什麼感覺：偶爾配合家庭生活、友誼與集體行動的節奏，放棄自己完美的晨間慣例或每週的行事曆安排。你將能理解運用時間的最佳方法，不是完全留給自己一個人，獨樂樂不如眾樂樂。

13 滄海一粟療法

你拿人生來做什麼，其實根本沒那麼重要。你用你有限的時間做什麼，宇宙真的一點都不在乎。

榮格派心理治療師詹姆斯．霍利斯（James Hollis）回憶，他有一位患者是成功的醫療器材公司副總裁。有一天，這位患者到美國中西部出差。她在飛機上看書時，腦中冒出一個念頭：「我痛恨我的生活。」[1]她突然明白這幾年來的悶悶不樂是怎麼一回事，因為她不再感到過日子的方式有任何意義。她對工作的熱情已然消磨殆盡；一直以來追求的獎勵不再具有價值，變成得過且過，不再冀望未來有一天能收割幸福的果實。

或許你懂她的心情。不是每個人都會突然這樣頓悟，但我們很多人都知道那種感受，即便在外人眼裡，我們目前做的事令人羨慕，但搞不好我們的四千個禮拜可以拿去做更多采多姿、豐富有趣的事。又或者，你很熟悉那種感覺，你週末待在大自然中，和老友相聚，過得特別開心，接著又回到平日的庸庸碌碌。你想著人生應該更常像週末那樣，覺得那樣全心全意活著應該是慣例，而不是特例。這是很正常的心情。現代世界尤其缺乏對這種感受的適當回應：宗教再也不像從前，能提供所有人現成的使命感。消費主義讓我們誤入歧途，在沒意義的地方找意義。不過，這樣的感嘆古時候就有了。聖經〈傳道書〉的作者與眾多前人，一下子就能瞭解霍利斯的病患苦惱的事：「後來，我查看我所經營的一切事和我勞碌所成的功。誰知都是虛空，都是捕風；在日光之下毫無益處。」[2]

懷疑自己的人生到底在幹什麼，令人很不安。然而，這也不是壞事，因為這表示你的內心已經發生轉變。如果你不是已經對生活產生新觀點，你不會發出這樣的疑問。也就是說，你已經開始面對現實：人生不是等你一旦振作起來，或是終於達到這個世界眼中的功成名就，未來就會幸福美滿。你的問題必須現在就解決。在出差途中明白你痛恨自己的生活，已經是找到你不會痛恨的生活的第一步，因為那代表你明白，如果有限的人生要有任何意義的話，你手中的**這些**星期應該拿去做點有價值的事。從這樣的角度出發，你終於問出最根本的時間管理問題：把你這輩子唯一擁有的時間，用在你真正感到有意義的事情上，那是什麼意思？

全球疫情暫停時刻

有時這種心頭一震會一下子影響到整個社會。我是在新冠病毒疫情肆虐下、紐約市封城期間，寫下這一章的初稿。在悲傷與焦慮之中，你愈來愈常聽見人們對自己的遭遇，表達苦樂參半的感激之情：即便大家被迫休假，為了該如何付房租而夜不成眠，能夠多陪伴孩子、重拾種花或烤麵包的樂趣，還是令人真心快樂。由於工作、上學、社交強制暫停，我們理應如何利用時間的無數假設，也暫時打破。舉例來說，許多人其實不必花一小時通勤，待在沉悶的辦公室裡，或是不必為了裝忙、硬在辦公桌前坐到傍晚六點半，也有辦法完成工作。此外，我習慣吃的大部分餐廳餐點與外帶咖啡，理論上會提升我的生活，但其實吃不到也不令人感到可惜（不過這是把雙面刃，餐飲業提供大量的工作機會）。急救人員、幫無法出門的人買菜的鄰居，以及做出其他善舉的人士，獲得的掌聲，證明這個社會沒有想像中那麼冷漠，只不過在病毒出沒前，我們沒有時間表達對彼此的關懷。

疫情顯然不是好事，但病毒除了帶來破壞，還讓**我們**變成更好的人，至少暫時在某些面向如此：我們更加清楚在封城前，我們的日子缺少什麼，以及我們自願或被迫做出的取捨，譬如，為了追求工作人生，我們沒時間敦親睦鄰。紐約作家與導演胡利歐．甘布托（Julio Vincent Gambuto）體會到我所說的「可能性震撼」，訝異只要我們同時間足夠想要，事情其實可以很不一樣。「創傷讓我們明白的事，」甘布托寫道：「我們無法再假裝沒看到。洛杉磯沒車子、少了汙染之後，原來可以有晴朗的藍天。在寧靜的紐約，麥迪遜大道聽得見鳥叫聲。有人在金門大橋看見郊狼。如果我們能找出辦法不再破壞地球，這個世界可以處處是明信片般的美景。」[3]當然，這場危機也暴露出健康照護體系財源不足、政治人物貪汙腐敗、種族之間存在很深的不平等，以及長期的經濟不安全感。不過，我們如今也明白，什麼才是真正重要的事，以及哪些事值得我們關注。某種層面上，我們老早就知道了，只是一直沒認真面對。

甘布托提醒大家，等封城結束後，企業與政府又會靠著閃亮的嶄新產品與服務，以及轉移注意力的文化戰爭，聯手讓我們忘掉我們窺視到的可能性；我們將迫不及待回到我們忍不住跟隨的常態。然而，究竟該如何運用人生的每一分每一秒，我們其實可以抓住目前的陌生感受，做出新的選擇：

這次的疫情是很神奇的契機，我們從來沒收過這麼大的禮物。我不是指死亡，不是指病毒，而是一場「大停頓」（Great Pause）……明亮的光束穿透窗戶，請不要躲開。我知道光線太耀眼，眼睛會痛，我的眼睛也一樣，但窗簾被拉開了……偉大的美國即將回歸正常……（但）我懇請各位深呼吸，不要管震耳欲聾的噪音，仔細思考你想把什麼東西放回你的生活。我們有機會定義新版的正常，這是很罕見且非常神聖的機會（沒錯，神聖），我們可以拋掉垃圾，只加回適合我們、讓我們的生活更為豐富、讓孩子更快樂、讓我們真心自豪的事物。

然而，這種人生中「什麼事最重要」的討論，永遠有一個陷阱：我們通常會想給一個很龐大、聽起來很厲害的答案。你開始感到有責任把時間用在極度重要的事情上，比如辭去辦公室的工作，成為人道救援工作者，或是成立太空飛行之旅的公司。萬一無法做這種偉大的工作，你會感覺過不了極度有意義的生活。在政治與社會改變的層面，你很容易覺得只有最具革命性、能改造世界的目標，才值得努力。只要全球暖化或收入不平等的問題沒解決，把時間用在其他事情上，不具意義，像是關懷失智親戚，或是擔任地方社區花園的義工。換成新時代運動的語境來講，「天降下了大任」，每個人生下來都有宇宙級別的人生目的，宇宙渴望我們找出這個目標並加以實踐。

這就是為什麼在本書旅程的最後一個階段，我要先直言不諱地告訴大家一個事實，聽起來儘管刺耳，但出乎意料令人鬆了一口氣：你拿人生來做什麼，其實根本沒那麼重要。你用你有限的時間做什麼，宇宙真的一點都不在乎。

普通有意義的人生

已經離世的英國哲學家布萊恩．麥奇（Bryan Magee）喜歡提一件令人感到驚奇的事。[4] 人類文明大約有六千年的歷史，而我們習慣把那想成一段淵遠流長的時間：在漫長的歲月裡，帝國起起落落，所謂的「古典時代」、「中世紀」，緩緩彼此接續，幾乎感受不到更迭，「速度慢到有如冰河移動的速度。」然而換個方式想，即便是在預期壽命比今日短很多的從前，每一代都會出幾個百歲人瑞（壽命達到五千兩百個星期），而每一個百歲人瑞出生時，也會有其他已經活到百歲的人，所以你可以想像由一連串百歲人瑞串起的歷史，中間剛好頭尾相接：史上真的有那些人，要不是歷史紀錄不夠完整，我們可以講出他們每一個人的名字。

令人驚奇的部分來了：埃及法老王的黃金年代，大部分的人會覺得離我們這個年代很遠，然而照這個邏輯看，也不過是三十五位百歲人瑞之前的事。耶穌大約生於二十個百歲人瑞之前，文藝復興是七個之前。在不過五個百歲人瑞之前，亨利八世是英格蘭國王。五個！麥奇指出，你只需要活六十世，就能過完整個人類文明，而「我可以把六十個朋友塞進我的客廳舉辦酒趴」。[5]從這樣的角度來看，人類史不是以冰河的速度開展，而是發生於一瞬間。你自己的人生，更自然是在無邊無際的無垠光陰中，在現在與未來構成的浩瀚宇宙裡，一閃即逝的一抹光中非常小的一個點，只有針尖那麼大。

這種概念當然令人驚駭莫名。前愛丁堡主教哈洛維（Richard Holloway）寫道，思考「宇宙有多麼不在乎」會令人感到「有如在茂密的樹林裡迷路，失去方向，或是驚恐得有如掉進海裡，但沒人發現我們失蹤」。[6]不過，從另一個角度看這件事，則奇怪地令人感到欣慰。你可以稱之為「滄海一粟療法」：事情看似多到承受不了時，只要你願意稍微跳脫，想起你在宇宙裡根本什麼都不是，還有什麼比這更令人安心？什麼感情問題、地位之爭、錢不夠用，凡人生活裡的焦慮，瞬時間變得一點也不重要，甚至疫情或誰當總統也一樣：宇宙依舊持續運轉，雷打不動。或是套用我寫過書評的一本書的書名：宇宙根本他媽的不甩你（*The Universe Doesn't Give a Flying Fuck About You*）。[7]想起以宇宙的時間來講，你到底有多不重要，你會感到如釋重負，放下多數人沒意識到自己扛著的包袱。

不過，這種鬆了一口氣的感覺值得進一步探討，因為這讓我們關切在其他時刻，大部分人**的確**把自己視作正在開展的宇宙中心；如果我們沒那麼自我中心，那麼被提醒這不是實情時，就不會出現鬆一口氣的感覺。此外，把自己當成宇宙中心的現象，不只出現在狂妄自大或病態的自戀者身上，而是相當符合人類的基本天性：我們在判斷每一件事情的時候，自然會從自身的觀點出發，因此**你**恰巧待在人間的數千個禮拜，不免感覺像是歷史上的關鍵，先前所有的時刻都只是序曲而已。這種以自我為中心的判斷，心理學家稱之為「自我中心偏誤」（egocentricity bias）。從演化的角度來看，這種現象合情合理，因為如果你以更符合實情的方式，明白從宇宙的時間來看，自己根本不重要，你大概比較不會有動力掙扎求生，努力散布自己的基因。

此外，你可以想像，以這種背離現實的方式，接受自己在歷史上的重要性微不足道，人生會顯得格外有意義。不論這種想法有多麼無稽，你努力做每一件事的時候，會感到這是天命，但實際上，當你在思考什麼叫好好善用有限的時間時，若是過分重視自己在宇宙間的存在，將帶來不切實際的定義，把標準訂得太高。為了符合「善用」的定義，你的人生必須留下令人印象超級深刻的成就，或是必須對後世帶來千秋萬代的影響。套用哲學家伊多．藍道（Iddo Landau）的話，在最不濟的情況下，至少也得「超越凡人與世俗」。[8]你做的事顯然不能太平凡，畢竟如同一般的情況，如果你感到自己的人生夠重要，你怎麼可能**不**覺得有義務用這一生留下轟轟烈烈的事蹟？

矽谷大亨的心態正是如此，那群天之驕子決心要在「宇宙留下印記」。有的政治人物也一樣，一心想留下政績。小說家私底下會想，自己的作品必須有高度，獲得世人的讚賞，地位要和托爾斯泰一樣崇高，不然就什麼都不是。然而，有一種比較不明顯的人其實也一樣。他們憂鬱地認定自己的人生最終不會有意義，最好別奢望什麼。這種想法的背後其實是，對於什麼叫有意義，這群人也抱持標準的看法，但幾乎不可能有人達到那樣的高度。「我們不會因為椅子無法拿來煮水、泡杯好茶，就看不起椅子。」[9]藍道指出：椅子本來就不該具備煮水的功能，所以沒有這種功能也沒關係。同理，「絕大多數的人，不可能要求自己變成米開朗基羅、莫札特、愛因斯坦……在整個人類歷史中，也不過出了數十個這樣的人。」[10]換句話說，幾乎可以百分之百確定，你**不會**在宇宙留下印記，甚至按照你嚴格的標準，就連提出那句話的賈伯斯都失敗了。或許相較於你我一輩子能達到的成就，**iPhone** 還會被以後幾個世代記得；然而，從真實的宇宙角度看，

iPhone很快就會和其他每一件事一樣被遺忘。

也難怪被提醒你根本就不重要時，你會鬆一口氣：你明白你一直拿做不到的無理標準要求自己。發現這件事之後，你不但會冷靜下來，還會感到自由了，因為在「好好過一生」這方面，一旦不再背負不切實際的定義，你便多出很多可能性。從前你認為，那些事都算不上以有意義的方式利用這輩子有限的時間，但現在可以重新考慮。此外，你也可以想一想，說不定你**已經**在做的許多事，其實比想像中更有意義，但你先前無意間貶低了那些事，認為不夠「重要」。

從這個新角度來看，替孩子準備有營養的餐點，可能和任何事情一樣重要，即便你不會因此榮獲烹飪大獎；就算你心知肚明自己不是托爾斯泰，只要你寫的小說能感動同時代的幾個人，那就值得了。此外，只要能讓服務對象的生活稍微好過一些，幾乎所有的職涯都值得你投入。還有，儘管社會稱不上出現根本的轉變，如果我們在新冠病毒疫情期間更加留意鄰居的需求，那麼我們已經因為「大停頓」學到寶貴的事。

滄海一粟療法讓你面對你在天地間根本就不重要的真相。不論你能接受到什麼程度，先敞開心胸再說（現在回想起來是不是很荒謬？你居然認為自己能為天地立心，為生民立命？）。珍惜人生數千個禮拜這極珍貴禮物的方式，並不是下定決心「做了不起的事」。正好相反：你要拒絕把這數千個禮拜，和抽象、要求過高的傑出標準綁在一起，要不然這數千個禮拜永遠只會顯得不足。腳踏實地才是正途，從能夠撼動宇宙、神一般的幻想，回到具體、有限且通常很美好的真實生活體驗。

14 人類病

在我們與人生時刻的關係中，我們永遠不會占上風，因為我們就是那些時刻。要「掌控」那些時刻的話，我們先得脫離那些時刻，處於那些時刻之外，但我們能去哪裡？

我在第一章提過時間管理大師崔西（Brian Tracy）的書。我們碰上眾多的時間相關問題，背後的幻想可以用那本書的書名來總結：《掌控時間，你就掌控了生活》。時間令人感到難搞的原因，在於我們永遠試圖掌控時間——我們努力占據主導地位，控制不斷開展的人生，以求終有一天會感到安心，安全無虞，不再被命運左右。

有的人和時間奮鬥的方法是努力擁有超高的生產力與效率，這樣就永遠不會出現害別人失望的罪惡感，不必擔心因為績效不好而被開除；或是不必面對壽命有限的凡人出師未捷身先死的命運。有的人乾脆不展開重要的計畫，或是不與人建立親密的關係，因為他們忍受不了焦慮，畢竟這種事不是你全心投入，就能保證會有幸福快樂的結局。我們浪費生命抱怨塞車，抱怨小孩動作慢吞吞的，因為這一類事情毫不留情地提醒了我們，我們掌控時間表的能力其實十分有限。此外，我們追逐掌控時間的終極幻想——希望在死前留下轟轟烈烈的事蹟，而不是轉眼間就灰飛煙滅。

我們夢想著有一天，我們可以在與時間的關係裡占上風。這是人類最情有可原的妄想，因為另一種可能性會把人逼瘋。很不幸的是，另一種可能性才是事實：我們的掙扎注定失敗。由於人生在世的時間極為有限，你永遠不可能達到生活要求你做什麼、你都有求必應的狀態，也不可能每個感覺很重要的大目標，都一一去追求；你將被迫做出困難的抉擇。由於在你**確實**擁有的有限時間內會發生什麼事，有太多不是由你決定，甚至連準確預測都沒辦法，你永遠不會感到能夠運籌帷幄、萬無一失，不論發生什麼事都蓄勢待發。

騎驢找馬的人生

然而，這一切背後更深層的原因，其實在於海德格很玄的說法：我們不是**得到**時間，也不**擁有**時間，而是我們**就是**時間。在我們與人生時刻的關係中，我們永遠不會占上風，因為我們就是那些時刻。要「掌控」那些時刻的話，我們得先脫離那些時刻，處於那些時刻之外，但我們能去哪裡？「我由時間組成。」文豪波赫士（Jorge Luis Borges）寫道：「時間是捲走我的一條河，但我就是河；時間是撕碎我的猛虎，但我就是老虎；時間是吞噬我的烈焰，但我就是火。」[1]當你就是河，你無法爬上安全的河岸。不安與脆弱是預設狀態，因為從打斷你晨間計畫的緊急電子郵件，一直到讓你的世界崩塌的喪親之痛，在你脫離不了的每一刻，任何事都有可能發生。

你要是把人生用在努力從時間著手，想從中獲得安全感，但那種安全感又是不可能之事，你最終不免感到一切都是暫時的——就好像你生下來的那一刻還在未來，在遠方的地平線上，只要你抵達那裡（用作家貝內特的話來說，是「步入正軌」），就能展開圓滿的生活。你告訴自己，等一切準備就緒，一旦你以更理想的方式安排個人行程，等拿到學位了，等下夠多年的苦工磨練技巧；或是等你找到靈魂伴侶、有了孩子，或是等孩子離家了；等終於出現革命、奠定社會正義的基礎——到了**那個時候**，你終於感到塵埃落定，可以稍微鬆口氣，展開真正有意義的人生。在那之前，人生不免讓人感到是一場奮鬥：有時令人興奮，有時令人疲憊，但永遠是為了追求尚在未來的某個時刻。瑞士研究童話的心理學家瑪麗－路薏絲．馮．法蘭茲（Marie-Louise von Franz）在一九七〇年寫下一段話，描寫這種「總有一天」虛無飄渺的生活方式：

> 有的人有一種奇特的心態與感受，他們**尚未**活在真實的人生裡。雖然目前他們做這個、做那個，但不論是與某個女性（的關係）或是工作，他們都是在**騎驢找馬**，永遠幻想在未來的某個時刻，他們的真命會到來……這樣的男性一生都在害怕被任何事綁住，極端恐懼定下來，不願完完全全進入時空，活出自己的一片天。[2]

「完完全全進入時空」，甚至只是部分進入（我們大概無法做到百分之百的境界），意思便是認輸。你必須接受永遠有太多事要做；你無法逃避困難的抉擇，也無法讓這個世界照你想要的速度運轉；你無法預先確認任何事將順利進行，不會造成任何痛苦，和其他人類的親密關係尤其辦不到。此外，從宇宙的角度來看，反正最終結束時，一切根本不重要。

而你接受那一切之後，可以得到什麼？你得以真正**在**這裡，真正把握生命。你必須用你有限的時間，專注在你重視的少數幾件事情上，此時此刻，在當下真正投入。或許我該解釋一下，這裡的意思不是長期的努力不重要，例如婚姻、育兒、打造組織、改革政治體系，也絕對不是不必對抗氣候危機的意思；以上都是最重要的事。這裡要講的是，即便是那些事，不論世人是否已經將其定義為成就，也只有在當下，在相關的每一刻才重要，因為你能擁有的永遠只有現在。

有一種誘人的想像是，一旦完全解決了時間困擾，或者至少出現了部分的改善之後，你將感到**快樂**（大部分或所有的時候）。然而，這是無稽之談。從收件匣爆滿到死亡，我們有限的生命，充滿著有限帶來的一切痛苦。即便勇敢面對那些問題，也不會讓問題不再像是問題，煩惱不會自動消失。這裡所說的平靜是更高層次的沉著：你明白「不可能逃避有限性帶來的問題」本身並不是問題。世間的問題通常令人痛苦，但正如禪師貝克所言，你**無法忍受**的原因出在誤以為能夠解決。[3] 接受你苦惱的事無從避免之後，就能獲得自由：你終於可以繼續過你的人生。我在布魯克林公園長椅上頓悟的事，法國詩人克里斯蒂安．博班（Christian Bobin）在一個很日常的時刻，也出現過類似的體悟：「我人在花園削一顆紅蘋果，我突然間明白，人生只會帶給我一連串無法解決的美好問題。那樣想之後，一片深沉如海的平靜湧進我的心。」[4]

五個問題

如果要講具體一點，你可以替自己的人生問五個問題，要是無法一下子就想到答案也沒關係；如同詩人里爾克（Rainer Maria Rilke）的名言，重點是「與問題共存」。[5] 即便只是真誠地問自己那些問題，你就已經開始理解你遭遇的現實，開始好好利用你有限的時間。

一、在生活或工作中的哪一個部分，你目前追求的是安逸，但其實需要稍微走出舒適圈？

追求心目中最重要的人生計畫時，幾乎永遠會帶來一種感受：你**無法**百分之百掌控自己的時間，無法抵禦現實帶來痛苦的打擊，你對未來也會沒自信。也就是說，你做的事有可能失敗，或許是因為你缺乏必要的才能；你必須冒著丟臉的風險，談難以啟齒的事，還可能讓別人失望。此外，感情深厚幾乎必然會帶來額外的煩惱，因為你關心的人有可能發生不好的事。種種因素，讓我們決定如何利用每日的時間時，很自然地優先迴避焦慮。拖延、分心、恐懼承諾、先解決雜事、一次展開太多計畫，全是試圖維持一切由你掌控的幻覺。此外，忍不住過度操心，其實也是為了維持這樣的幻象。操心讓人心情低落，但也隱約能帶來安慰，讓你感到自己在想辦法讓事情不失控。

心理治療師詹姆斯．霍利斯建議，在做人生每一個重大決定時，要問：「這個選擇會讓我格局變小，還是變大？」[6]問這個問題的目的是避免為了減輕焦慮、衝動而做決定。你要弄清楚究竟想拿時間來做什麼。舉例來說，如果你試著決定要不要離職或分手，還是應該加倍努力，此時問自己怎樣會最開心，大概會導引你做最舒服的選項，不然就會陷入猶豫不決。然而，你通常憑直覺就知道，留在一段關係裡或是繼續做某份工作，是否會帶來讓你成長的挑戰（格局變大），又或者你的靈魂會隨著逝去的每個星期逐漸乾枯（格局變小）。你要盡量選擇讓自己格局變大，走出舒適圈，不要得過且過。

二、你是否要求自己達成不可能的生產力或績效，或是用那種標準來評判自己？

幻想有一天能完全掌控時間的常見徵兆，就是設下原本就辦不到的時間利用目標：那種目標永遠得推遲到未來，永遠不可能現在就辦到。實情是你不可能讓自己的效率與有條不紊的程度，高到足以應付無限的要求。此外，你花在工作、陪孩子、社交、旅遊或參與政治運動的時間，通常不可能多到讓你覺得「足夠」。然而，訂出一堆目標會讓你有安心的幻覺，相信自己正在打造這樣的生活，成功的一天很快就會到來。

如果你打從心底就知道，永遠不會有得到救贖的那一天，你訂下的標準根本難以達到，永遠不可能挪出所有你希望挪出的時間，那麼你今天會如何改變利用時間的方式？你可能很想出聲抗議，你不一樣，你的情況很特殊，在時間這方面，你**真的**需要做到不可能的任務，不然就完了。舉例來說，你擔心要是不完成不可能的工作量，就會被解雇，失去收入。然而，這是一種妄念。如果你要求自身完成的任務真的不可能達成，那就是不可能，即使會完蛋也一樣——此時面對現實有益無害。

哲學家藍道指出，要求自己做到沒人能達到的標準是一種殘酷的行為（我們很多人根本不會這樣去要求別人）。[7]比較人性的作法是盡量放棄這樣的努力。把你不可能的標準摔碎在地上，從碎片中撿起有意義的幾件事，從今天起就開始做。

三、你在哪些方面必須接受你就是你，你當不來你心中認為該當的那種人？

由於真相使人焦慮：**人生真的就這樣而已**，我們遲遲不肯面對有限性，把目前的生活視為旅程的一部分，目標是成為在社會、宗教或是父母眼中（不論他們是否還在世），你認為你**該**成為的人。你告訴自己，一旦你可以名正言順地活著，生活就不會顯得那麼不確定與失控。在政治與環境危機中，這種心態通常會出現的形式，就是認為除了夜以繼日直接處理相關的緊急事件，沒有任何事情真的值得花時間去做。如果把時間花在其他事物上，不是有罪，就是很自私。

努力獲得權威人士的認可，讓他們認為你有存在的價值，這種渴望或許會一直延續到成人期。不過「到了一定的年紀」，心理治療師史蒂芬．寇普（Stephen Cope）寫道：「我們很驚訝，但也終於明白，我們的人生做了什麼，根本沒人真的**在乎**。有的人一直在活別人的人生，逃避自己的人生，這種人最無法接受一項事實：除了我們自己，沒人真的在乎。」[8]試圖證明自己有存在的價值，想靠這種方法獲得安全感，從頭到尾都是徒勞無功又沒必要。徒勞無功，是因為人生永遠令人感到不確定，不是你能掌控的。沒必要，則是因為最終你不需要獲得某個人或某件事的認可才能活著。心靈寧靜與令人振奮的自由感，並非來自獲得認可，而是接受事實：就算你獲得了認可，生活也不會就此令你安心。

反正我深信的一件事就是，當你不認為自己需要取得活在世上的資格，就能真的好好利用那數千個禮拜。一旦你不再感到令自己窒息的壓力，認為非得成為什麼樣的人，你就能勇敢面對自己此時此刻的性格、優缺點、才能與熱情所在，跟著它們走。在這個面臨多重危機的世界，你帶來的特殊貢獻，或許不是把時間用在參與行動主義或參選，而是照顧年紀大的親人、玩音樂，或是和我大舅子一樣當糕點師傅。我大舅子是體型健壯的南非人，乍看你會以為他是橄欖球員，但他的工作其實是製作精細的糖飾與奶霜造型，收到蛋糕的人無不心花朵朵開。佛教導師蘇珊・派佛（Susan Piver）指出，對許多人來講，問自己喜歡如何**利用**時間，竟出乎意料地讓人感到驚世駭俗、坐立難安。[9]但無論如何，至少你不該排除一個可能性：你喜歡如何利用時間的答案，有可能提示了善用時間的最佳方法。

四、在人生的哪些領域你依舊不敢出擊，想等到知道自己在做什麼之後再說？

你可能在多年間只把人生當成正式上場前的彩排，理由是你目前正在累積技術與資歷，日後才能以權威之姿登場。然而，我有時會感到從我成年以來，就是不斷發現所有的機構與各行各業中，每個人永遠都是臨時上陣。我從小到大一直以為，早餐桌上擺著的報紙，內容一定是由真的知道自己在幹什麼的人彙整而成，直到我進入報社工作。我無意間把我對能力的假設套用在別處，包括在政府裡工作的人。然而，我漸漸認識一些人，幾杯黃湯下肚後便坦承，他們的工作其實是手忙腳亂應付一場又一場的危機，包括在前往要宣布政策的記者會路上，在車子後座擠出聽上去有道理的政策。即便在這種時候，我依然以為那可以用英國人的性格就是這樣來解釋。有時明明很平庸，卻理直氣壯，直到我搬到美國，我才發現美國人也是臨場發揮。近年來的政治發展，更讓人看清那些「負責掌舵」的人處理世界大事的能力，並沒有比我們這些小老百姓強。

不論是工作、婚姻、育兒或其他任何事，你**永遠**不會真正知道自己在做什麼，這種感覺令人焦慮。然而，這也讓人鬆一口氣，因為你沒必要為自己的表現感到難為情，也不必叫自己先別從事那些領域的活動：既然你永遠不會感覺自己成為權威人士，那乾脆別等了，放手去做，實現大膽的計畫，不再畏首畏尾、害怕犯錯。再想到其實其他每個人也一樣（不論他們是否意識到這件事），你更是沒什麼好擔心的了。

五、如果不必管某件事有沒有用，你會如何改變度過一天的方式？

最後一點是我們在第八章提過、想要掌控時間的欲望，還來自一個常見的源頭：在心中暗自以成敗論英雄。我們的時間運用方式有沒有價值，永遠只由結果論定。在這樣的思考脈絡下，自然應該把你的時間用在你預計會親眼見證成果的事情上。然而，導演大衛．李卡塔（David Licata）在紀錄片《畢生心血》（*A Life's Work*）記錄了選擇另一條路的人們。[10]那些人把自己的生命奉獻給幾乎確定在他們有生之年無法完成的計畫，譬如某對父子組隊，替全球僅存的原始林的每一棵樹造冊；天文學家在加州SETI協會的工作桌前搜尋無線電波，試圖尋找外星生命的跡象。這些眼睛炯炯有神的人們，知道自己在做重要的事。他們享受工作的原因，正是他們明白成功不必在我，不必追求趁自己在世時做出決定性的貢獻，親眼看到努力開花結果。

然而，所有的工作，包括育兒、建立社群與其他每一件事，都帶有不會在我們有生之年完成的性質。這些活動都屬於一個遠遠更大的時間脈絡，一直要到我們離開人世多年後，才有辦法衡量最終的價值（也有可能永遠無法計算，因為時間無限延伸）。因此，有一個重要的問題值得問：如果說你能接受成功不必在我，那麼有哪些造福世人、有遠見、投資遙遠未來的事，值得今天就做？我們都是替宏偉教堂增磚添瓦的中世紀石匠，心中明白自己永遠見不到大教堂完工的一天，但教堂依舊值得蓋。

下一件最必要的事

一九三三年十二月十五日，榮格回信給V女士（Frau V.），回答人生該怎麼做的幾個問題。[11]榮格的答案很適合拿來作為本書的結尾。「親愛的V女士，」信件的開頭寫道：「您的問題無法回答，因為您想知道如何過生活。每個人都有自己的生活，沒有一定要怎麼做的單一生活方式……如果您想要那樣，可以加入天主教會，教會會告訴您什麼事該怎麼做。」相較之下，個人的道路則是「您替自己開闢出來的路，永遠不會有人替您規定什麼，您無從事先掌握。當您一步、一步走下去，那條路自然會出現」。如果您自行開闢道路，榮格只給了一項建議：「默默做下一件最必要的事。只要您認為您還不知道那是什麼，那就代表您的『本錢』太多，可以用於無意義的思索與揣測。相反地，如果您做的時候確定那就是下一件最必要的事，那麼您永遠在做有意義的事，那是命運的指引。」「做下一件正確的事」的修改版，就此成為戒酒無名會的標語，藉此建議大家用清醒的頭腦，走過遭逢重大危機的時刻。不過老實講，任何人在任何時刻，也只能追求「做下一件最必要的事」。即便我們無法以任何客觀的方式，確認究竟什麼是正確的作法，我們都必須那麼做。

幸好，正因為那是你唯一能做的事，也就成為你唯一**必須**做的事。如果能以這種方式面對時間的真相，敞開胸懷接受有限的人類會碰上的狀況，無論你手上握有什麼牌，你的生產力、成就、服務他人的心與滿足感將達到巔峰。事後回顧，你將看到你的人生一步步成形。那樣的人生符合「善用時間」唯一最終的標準：不是看你幫過多少人，也不是看你做過多少事，而是在你所處的歷史時刻、有限度的人生中，運用自己有限的時間與能力，實際真正去做、照亮其他人人生的事——不論那件事有多壯志凌雲，或者只是小露一手，你已經完成來到世上的使命。

後記　不要抱持希望

只不過，現在有一個問題。或許各位已經注意到了：天下大亂了。

古印度文明的時空旅人如果來到今日，立刻就能認出我們的年代屬於印度教所說的「爭鬥時」（Kali Yuga）。依據印度神話的講法，在這個歷史循環期，每一件事開始分崩離析：政府垮台，生態環境遭到破壞，奇異的氣候事件激增，難民在各國流竄，疾病與可疑的意識形態散布到世界各個角落（以上幾乎逐字引自兩千年前的梵文史詩《摩訶婆羅多》。史詩裡提到的事件和我的推特時間軸長得很像，有可能是巧合，也可能是凶兆）。沒錯，較樂觀向上的人士會提醒我們，雖然人類永遠自認處於世界末日，近日其實有很多好消息，例如：嬰兒死亡率、絕對貧窮率與全球不平等都在急速下降；識字率提升；人們死於戰爭的機率也比從前低。即便如此，北極的確出現攝氏三十四度的高溫，新冠病毒疫情是真的，世界各地燒不完的野火也是真的，救生艇上塞滿無助的移民。以最委婉的話來講，我們很難百分之百有信心一切會雨過天晴。

這種年代還關注什麼時間管理？感覺上，時間管理的重要性處於史上新低。然而，如同我在本書試圖說明的，之所以感到沒意義，主要是隨便瞄一眼最傳統的時間管理建議的結果。只要眼界稍微放寬一點，就會發現在焦慮的黑暗年代，時間利用問題出現了全新的急迫性：我們能否成功回應我們面臨的挑戰，完全要看我們如何利用一天之中可得的時間。「時間管理」一詞，或許讓整件事顯得很日常，但我們需要處理的也只有日常生活——在現在這一刻，此時此刻正在開展的這一段生活。

環保人士德瑞克·簡森（Derrick Jensen）是激進團體「深綠抵抗」（Deep Green Resistance）的共同創辦人。人們有時會問簡森，[1]每件事看起來都很不妙，他是如何繼續抱持希望。然而，簡森的回答是他不抱希望，甚至認為不抱希望是好事。簡森指出，希望理論上是「我們在黑暗中的明燈」，實際上卻是詛咒。你如果**希望**出現某個結果，等於把你的信念放在自身以外的事物上，放在一個不屬於當下的時刻，如信仰政府、上帝、下一代的行動主義者，或是單純信仰「未來」，最終都是依賴那些東西來解決事情。美國比丘尼佩瑪·丘卓（Pema Chödrön）表示，這就像把人生當成「我們需要保母時，永遠一定會有保母」。[2]這種態度有時情有可原，舉例來說，如果我去醫院動手術，當然只能祈禱外科醫生知道自己在幹什麼，我大概無法做什麼來改變開刀的結果。然而在其他時候，那其實是在否認自己有能力改變事情。以簡森的環保行動主義領域來講，那等同於向你理應抗爭的勢力投降。

套用簡森的話：「許多人說，他們希望主流文化不要再破壞這個世界。」然而，人們那樣說的時候，「他們假設至少在短期內，破壞將一直持續下去，而且他們打算袖手旁觀，不去阻止。」相較之下，放棄希望則是再次承認你實際上擁有力量。簡森表示，承認之後我們就「完全沒必要『希望』，改而捲起袖子做事，確保世上還會有鮭魚，讓土撥鼠活下去，避免灰熊滅絕……我們不再希望自己身處的糟糕情境會自動不再惡化。此時我們終於自由，真正地自由，老老實實開始想辦法解決問題。」

本書的中心思想可說是「放棄希望之後，可能帶來力量」。接受你的局限，意思是放棄希望之後，只要掌握了正確技巧，再多努力一點，就能完成別人無窮無盡的要求，實現每一個遠大的目標，扮演好每一個角色，給每個慈善公益活動或人道危機應有的關注。你不再期盼有一天能掌控一切，也不用確認人生不再有痛苦。此外，你盡最大的力量放棄在種種期許的背後，你真正希望的事：你希望**這**一切不是真的——目前的人生只是在排練，有一天終於可以完全自信地說，你準備好了。

佩瑪．丘卓所談的「領悟絕望」，關鍵是明白問題**不會**就此消失。的確，不論是從全球的角度或個人層面來看，事情真的不OK。北極冰層已經在融解。疫情奪走了數百萬條性命，重創經濟。一個人要不適合當美國總統到什麼地步，卻還是能入主白宮，答案已經明擺在眼前。成千上萬的物種消失了。《紐約時報》有一篇報導提到，城市居民正在學習靠著吃鹿肉與藍莓，在樹林裡求生存。某位受訪的女性說：「大家會說：『喔，等世界末日來臨時……』你們到底在說什麼？世界末日已經到來。」[3]這個世界支離破碎。文明的狀態是這樣，你的生活是這樣：你永遠不會過著有完美成就或有保障的生活，你的四千個禮拜永遠在減少。

然而，這也是當頭棒喝：當你開始內化這一切，即使只是一點點，結果就不會是感到絕望，而是躍躍欲試。你看出那個可怕的最終結果，那個碰上感覺太恐怖、讓你下意識肌肉緊繃、一輩子努力避免的結果，其實已經發生了，但你還在這裡，你還活著，至少目前如此。丘卓表示：「放棄希望是一種肯定，是開始的開始。」[4]你明白自己先前不惜一切想獲得百分之百的安全感，其實根本沒有必要。這是一種解脫。一旦你不再需要說服自己世上並未充滿不確定性與悲劇，就能自由地專心去做你能幫上忙的事。此外，一旦不再需要說服自己每件事都需要做，反而能放心、專心去做幾件重要的事。

或許如同簡森所言，另一種強調放棄希望不會把你怎麼樣的方法，就是想著在某個層面上，你確實會因此而死去。被恐懼驅使、掌控欲強烈、以自我為中心的那個你死了；極度在乎別人怎麼想你、不願讓任何人失望、不敢過分越界，以免事後遭掌權者處罰的那個你死去；簡森寫道，你發現「文明的那個你死了。循規蹈矩的你死了。受害者死了」。剩下的那個「你」，以前所未有的方式真正活著，更準備好要行動，也更加開心，因為當你敞開心胸接受事情的真相，也會讓所有的好事更容易進入你心裡。你接受事物的本質，不再試著利用它們來滿足心理需求，證明每件事最後都會步上軌道。你得以秉持文學家歐威爾（George Orwell）苦中作樂的精神，感謝自己還活著。一九四六年初，他漫步在飽受戰爭摧殘的倫敦，看著在陰暗煤氣廠的上方，有隻紅隼往下俯衝。路旁的小溪裡，蝌蚪游來游去。歐威爾記錄下那次閒逛：「即便是在倫敦的N1區，春天來了。他們無法阻止你享受春天。」[5]

人類的平均壽命短得離譜，少到嚇人，小器到不給面子。然而，那不是沉浸於絕望的藉口，也不是害怕善用有限的時間、活在恐懼裡、沒事就焦慮的理由。人生短暫反倒讓我們鬆了一口氣。你得以放棄永遠不可能做到的事，不必追求理論上你應該成為的超級人類——三頭六臂、凡事做到盡善盡美、不曾有情緒脆弱的時刻，也不必倚賴任何人。然後，你得以捲起袖子，動手做真正可能做到的事。

附錄　坦然接受「生也有涯」的十種工具

我在本書力勸各位接受有限的時間，也接受你能掌控那些時間的程度有限。理由是那就是事實，乾脆接受吧。不過也是因為一旦接受，自然會獲得很大的力量。當你愈能夠接受真正的現實，就能完成更多重要的事，從中獲得滿足感。除了正文各章節提到的建議，這裡額外提供十種技巧，協助大家在日常生活中，貫徹擁抱局限的哲學。

一、採取「定額」的生產力策略

許多教人做事的建議都會暗示，只要照著做，就能完成**所有**重要的事，但那是不可能的，努力全盤兼顧只會忙上加忙（詳見第二章）。最好一開始就假設無法避開困難的抉擇，然後深思熟慮做出理想的決定。此時，只要限制進行中的工作數量就可以幫得上忙（請見八九頁）。最簡單的方法或許是**寫下兩份待辦清單，一份是「開放清單」，一份是「限制清單」**。在開放清單上，列出你手上的每一件事。這張清單無疑會長得令人心驚，幸好你的任務不是解決這張單子，而是挑選開放清單上的事，放進限制清單。限制清單上只能放數量固定的待辦事項，最多十項（你可能會需要第三張清單，列出需要配合他人進度的「觀察」事項）。你將永遠做不完開放清單上的事，但也永遠不必做完。採取這種作法後，你將完成許多你真心在意的事。

配套措施是**替你每天的工作，事先設定時間界線**。依據工作情形而定，事先決定要把多少時間用在工作上，例如：你可能下定決心要從早上八點半開始工作，最晚不能超過下午五點半，接著依據這事先設定好的限制，做出與時間有關的其他決定。紐波特（Cal Newport）在《Deep Work 深度工作力》（*Deep Work*）一書探索過這個方法：「你要設定多少時數都可以，自行決定多長的時間算有生產力。」[1] 然而，如果你的主要目標是在五點半前完成必須完成的事，你將注意到時間限制，更有動力明智地運用時間。

二、按部就班，一個一個來

跟剛才的邏輯一樣，**一次專心做一個大計畫就好**（或者最多同時進行一個工作計畫、一個非工作計畫）。一個完成了，再換下一個。身上有太多責任與目標時，你會很想靠著多管齊下來減輕焦慮，但那麼做只會讓你缺乏進度；你要訓練自己愈來愈能**忍受**

焦慮感，刻意拖延每一件能拖的事，一次只做一件事。完成重要計畫的滿足感，很快就會讓那樣的焦慮值回票價。此外，由於你完成愈來愈多任務，自然不再那麼焦慮。當然，你不可能每件事都放著不處理，還是得繳帳單、回信、送孩子上學，但在你處理眼前幾個大計畫時，這個方法可以確保你沒有拖延的事情，都是絕對必須處理的事，而非為了減輕焦慮，東做一點、西做一點。

三、事先決定要讓哪些事砸鍋

由於你的時間和精力有限，有的事不免會不及格。然而，**策略性的不及格**有一個很大的好處：事先想好在生活中的哪些領域，你不期待自己會有出類拔萃的表現。好處是你能更有效地運用時間與精力。此外，原本就計畫好要放棄的事果真失敗時，你不會萬分沮喪。正如作家喬恩．阿考夫（Jon Acuff）所言：「你無法全部做到的時候，會覺得羞愧，垂頭喪氣。」然而，當你「事先決定哪些事就讓它過去⋯⋯羞愧感不會讓你如坐針氈。」[2]當你事先決定好不要花任何力氣「整理草皮」或「清理廚房」，你就不會太過在意草坪長滿雜草，廚房亂七八糟。

如同替你的計畫安排先後順序，如果想要有收入、維持身體健康、當還過得去的另一半或父母，有很多事你無法選擇就那樣算了。然而，即便在這些基本領域，你依舊可以運用**循環式失敗**：舉例來說，當你把全部的心思用在照顧孩子時，你把目標訂成在接下來兩個月，工作方面只盡到最低限度的義務；你努力替選舉拉票時，暫時拋下健身的目標。好了之後，再把精力用在先前忽略的事物。這樣的生活方式便是用一種刻意的**不平衡**，取代壓力很大的「工作與生活要平衡」。你有信心目前沒扮演好的角色，很快就會再度獲得你的關注。

四、把注意力放在已經完成的事，不要只關注待辦事項

由於從定義上來看，努力完成每一件事只會沒完沒了（詳見五三至五九頁），你很容易陷入沮喪與自責：一直要到事情全部完成，才會覺得自己幹得好，但既然事情永遠做不完，你將永遠感到自己一無是處。這個問題出在一項於事無補的假設：你認為每天早上醒來時自己欠下了一筆「生產力債務」，必須辛苦工作，在晚上來臨前還完。對抗這種假設的方法是列出「**完工事項清單**」。早上醒來時，單子上是空的，接著你逐漸把一天之中完成的事項填上去。每多一筆，都是一次開心的提醒，你可以好好過完一天，完全沒做一丁點不具建設性的事。你看，做完這些事了（萬一你江山易改，本性難移，

那就降低「完成」的標準：你永遠不需要讓人知道，你把「刷牙」與「泡咖啡」也放上清單）！不過這不單單是自我安慰的練習：證據強烈顯示，「微小的成就感」也會帶來動力，因此用這種方式慶祝做完小事，你八成能再接再厲，連帶完成沒那麼小的事。[3]

五、做好事也要集中火力

社群媒體是一部龐大的機器，除了害你花時間關注不該關注的事物（詳見一〇八至一一三頁），也讓你關心**太多**事了，即便每一件事都值得關注。這些日子以來，我們接觸到源源不絕的暴行與不公義，每件事都值得我們花時間、捐錢相助，但加在一起實在太多了，就算我們有三頭六臂，也不可能獨自有效處理那麼多事（雪上加霜的是，注意力經濟的運作模式迫使推動運動的人士，把自己處理的危機說成最特殊、最緊急的一個。現代的募款組織不可能號稱自己的目標是當代第四重要或第五重要的事務）。

一旦你瞭解背後的運作機制，就比較能**選擇究竟要加入哪一場慈善、行動主義或政治的戰役**。你決定在接下來幾年，**自己**有空的時間要用來遊說監獄改革，以及協助地方上的食物銀行——原因不是亞馬遜的大火不重要，也不是難民的命運不重要，而是你明白要讓事情有所不同，必須集中自身有限的關懷能力。

六、使用只有單一功能的無趣科技

數位干擾實在太過誘人，我們彷彿有機會逃進一個世界，沒有令人痛苦的人類局限：相較於無趣的正事，我們在那個世界永遠不會無聊，行動永不受限（請見一一七至一二一頁）。解決數位干擾的方法是盡量讓你的裝置愈無聊愈好，第一步是先移除社群媒體 app，如果你敢的話，甚至可以把電子郵件刪掉。接下來，**把螢幕設定從彩色調成灰階**（在本書寫作的當下，iPhone 的設置方法是設定＞輔助使用＞輔助使用快速鍵＞顏色濾鏡）。科技記者奈莉．鮑爾斯（Nellie Bowles）在《紐約時報》寫道：「手機調成灰階之後，我沒有突然變一個人，但這下子我感覺自己更能控制手機。我的手機現在看起來更像工具，而不是玩具。」[4]此外，記得盡量選擇只有單一功能的裝置，如 Kindle 電子書。電子書不管拿來做什麼都很無聊又很麻煩，你只能好好閱讀。如果讓串流音樂與社群媒體開著，按一下或滑一下就會跑出來，當第一波無聊感出現或者當你試著專心處理的事情碰上困難，你不可能抗拒那些 app 的誘惑。

七、在柴米油鹽醬醋茶中尋找新鮮感

我們年紀愈大，光陰流逝的速度似乎會加速。也就是說，我們手中剩下的時間愈少，我們感受到的流失速度也愈快（請見二二一頁）。有一個辦法或許可以減輕，甚至是逆轉這種令人沮喪的現象。到底為什麼會有這種現象，最可能的解釋是人類的大腦在記錄歲月的流逝時，依據的是我們在一段期間內處理了多少資訊。童年有著大量的新鮮體驗，因此在我們的記憶中，童年彷彿持續到永遠；然而，隨著年齡增長，生活漸漸變成按表操課：我們住在同樣的幾個地方，擁有一成不變的幾段人際關係與工作，新鮮感愈來愈少。心理學家威廉·詹姆斯（William James）寫道：「時間一年一年過去，日子變成……例行公事。」很快地，「一天天、一星期又一星期模糊地逝去，變成記憶中沒有內容的單位，一年變得空虛又貧瘠。」[5]

如果要反制這種情況，標準建議是盡量在生活中塞滿新鮮的體驗。這種作法確實有用，但可能又會導致「活不過來」的問題惡化（請見五九頁到六二頁）。此外，這種建議不太實際，因為你有工作或孩子的話，生活大多數時候必然充斥一些例行公事，到異國旅遊的機會有限。楊真善介紹的另一種方法是**關照每一個當下，不論那個當下有多麼日常**：此時找到新鮮感的方式，不是做一些與平日截然不同的事，而是進一步深入你原有的生活。以平日的雙倍強度去體驗生活，「你的生活經歷帶來的滿足感，會是**目前的雙倍**。」[6]此外，生活中任何一段時間留下的記憶，也會變成雙倍的長度。冥想可以幫上忙，不過你也可以四處亂走、看看路會通往哪裡，挑不同的路線上班，或是開始攝影、賞鳥、寫生或寫日記，和小朋友一起玩「我是小間諜」（I Spy）。只要能讓你的注意力更加集中在你當下做的事，什麼活動都可以。

八、在人際關係中當個「研究者」

我們因為渴望徹底把握時間，引發無數人際關係的問題，除了過度「掌控」的行為，還有承諾恐懼症、沒耐心聽別人說話、感到無聊。此外，你太渴望全面掌控自己的時間，於是錯過讓人生豐富的眾樂樂時光（請見第十二章）。幼兒園教育專家湯姆．霍布森（Tom Hobson）指出，有一個方法可以放鬆控制欲。這個作法的好處，絕對不限於和小朋友互動的時刻：當你碰上棘手或無聊的時刻，試著**刻意拿出好奇心**。此時的目標不是達成任何特定的結果，也不是解釋自身的處境為什麼是這樣，而是如霍布森所說，試著「找出眼前的這個人是誰」。[7] 生活中有他人的時候，自然會出現無法預測的事情，此時好奇心是很好的態度，因為不論你喜歡**或**不喜歡別人的行為，好奇心都能因此獲得滿足。相反地，如果你的心態是一定要見到某種結果，那麼每次事情不如你所願，都會感到煩躁。

如同自我成長書作家蘇珊・傑佛斯（Susan Jeffers）在《擁抱不確定性》（*Embracing Uncertainty*）提出的建議，你可以試著把這樣的態度應用在每一件事情上。[8] 當你不知道接下來會發生什麼事（碰上與未來相關的事情，我們永遠處於這種情境），此時是很好的機會。你可以隨時選擇抱持好奇心（**想知道**接下來會發生什麼事），來取代憂心忡忡（**希望**接下來會出現特定的結果，害怕事情不是那樣發展）。

九、隨手行善

這一條是冥想導師戈登斯坦建議培養的習慣，他實踐了，我則絕對還在努力。每當你心中湧出做好事的衝動，想要捐錢、關心朋友的近況、寫封信稱讚某人做得很好，那就**立刻衝動行事**，不要等晚一點再說。有這種衝動而不做，很少是因為我們吝嗇小氣，也不是猶豫對方到底值不值得我們這麼做。更常見的情況其實是我們有一種心態，源自我們想要感到時間由我們掌控。我們告訴自己，等手上緊急的工作完成後，就會去做，或是等到有充裕的時間能夠做好再說，又或者在捐錢之前，應該多做一點功課，找出最適合的捐助對象。然而，只有真正捐出去的錢，才算得上真正的捐款。相較於隨手寫幾句話，洋洋灑灑的讚美大概會讓同事感到更心花怒放，但匆促的讚美，遠勝過晚一點再來寫信的結果：你大概永遠不會寄出那封信。戈登斯坦指出，即使一開始需要花點力氣，不過助人為快樂之本，你會因為利人立刻獲得利己的獎勵。

十、練習什麼都不要做

哲學家帕斯卡寫道：「我發現人所有的不快樂都源自同一件事：他們無法安靜待在自己的房間裡。」[9]如果要面對善用四千個禮拜的挑戰，你必須具備什麼都不做的能力，如果你無法忍受**不**行動帶來的不安，你做出糟糕時間選擇的機率會高很多。你去做某件事，只是為了感覺自己有在做事，比如給自己很大的壓力，急著做完急不來的事（請見第十章），或是為了達成未來的目標，感到每一分、每一秒都必須有生產力，把滿足感延遲到永遠不會來臨的那一天（詳見第八章）。

嚴格來講，你不可能真的什麼都不做：只要你還活著，你永遠在呼吸、永遠呈現某種身體姿勢，因此訓練自己「什麼都不做」的意思，其實是要你抗拒衝動，不要想著操控自己的體驗或身邊的人事物，順其自然。楊真善教大家**「什麼都不做」冥想**，步驟很簡單：設定計時器，一開始設五或十分鐘就好；坐在椅子上；停止做任何事。每當你注意到自己做了某件事，包括思考、專注於呼吸或任何事，那就停下來（如果你發現你在心中批評自己做了某件事，也停下來）。保持停下一切的狀態，直到計時器響起。作家與藝術家珍妮．歐黛兒（Jenny Odell）表示：「世上最難的事，就是什麼都不做。」[10]然而，練習什麼都不做是在奪回你的自主權——不再試圖迴避此時此刻的現實真正帶來的感受，冷靜下來，替你分配到的短暫人生做更好的選擇。

註釋

前言　長期而言，我們都死了

1. 珍妮・卡爾芒離世二十年後，有兩位俄國研究人員語出驚人，指出「珍妮」的真實身分其實是伊凡（Yvonne），也就是珍妮的女兒。伊凡在母親過世後，多年占用她的身分。此一爭議的決定性說法（今日主要支持事件的原始版本），請見：Lauren Collins, "Living Proof," *New Yorker*, February 17 and 24, 2020.
2. 例如請見：Bryan Hughes and Siegfried Hekimi, "Many Possible Maximum Lifestyle Trajectories," *Nature* 546 (2017): E8–E9.
3. Seneca, "De Brevitate Vitae," in *Moral Essays*, vol. 2, trans. John W. Basore (Cambridge, MA: Loeb Classical Library, 1932), 287.
4. Thomas Nagel, "The Absurd," *Journal of Philosophy* 68 (1971): 716–27.
5. 請見：Jonathan Gershuny, "Busyness as the Badge of Honor for the New Superordinate Working Class," *Social Research* 72 (2005): 287–315.
6. Anina Vercruyssen et al., "The Effect of Busyness on Survey Participation: Being Too Busy or Feeling Too Busy to Cooperate?," *International Journal of Social Research Methodology* 17 (2014): 357–71.

7. 請見：James Williams, *Stand Out of Our Light: Freedom and Resistance in the Attention Economy* (Cambridge: Cambridge University Press, 2018).
8. Fredrick Matzner, quoted in Matt Simon, "Why Life During a Pandemic Feels So Surreal," *Wired*, March 31, 2020, available at www.wired.com/story/why-life-during-a-pandemic-feels-so-surreal/.
9. Edward T. Hall, *The Dance of Life: The Other Dimension of Time* (New York: Anchor, 1983), 84.
10. Malcolm Harris, *Kids These Days: The Making of Millennials* (New York: Back Bay Books, 2018), 76.
11. David Allen, *Getting Things Done: The Art of Stress-Free Productivity* (New York: Penguin, 2015), 3.
12. Allen, *Getting Things Done*, 11.
13. John Maynard Keynes, "Economic Possibilities for Our Grandchildren" (1930), downloaded from www.econ.yale.edu/smith/econ116a/keynes1.pdf.
14. Charles Eisenstein, *The More Beautiful World Our Hearts Know Is Possible* (Berkeley, CA: North Atlantic Books, 2013), 2.
15. Marilynne Robinson, *The Givenness of Things: Essays* (New York: Farrar, Straus and Giroux, 2015), 4.

第1章　接受人生有限

1. 請見：Ángel Sánchez-Crespo, "Killer in the Rye: St. Anthony's Fire," *National Geographic*, November 27, 2018, available at www.nationalgeographic.com/history/magazine/2018/11–12/ergotism-infections-medieval-europe/.
2. Lewis Mumford, *Technics and Civilization* (Chicago: University of Chicago Press, 2010), 15.
3. E. P. Thompson, "Time, Work-Discipline, and Industrial Capitalism," *Past and Present* 38 (1967): 81.

4. Richard Rohr, "Living in Deep Time," *On Being* podcast, available at https://www.wnyc.org/story/richard-rohr--living-in-deep-time/.
5. Gary Eberle, *Sacred Time and the Search for Meaning* (Boston: Shambhala, 2002), 7.
6. Eberle, *Sacred Time and the Search for Meaning*, 8.
7. Carl Jung, *Memories, Dreams, Reflections* (New York: Vintage, 1989), 255.
8. Thompson, "Time, Work-Discipline, and Industrial Capitalism," 81. 此處的拼寫經過現代化。
9. Friedrich Nietzsche, *The Gay Science* (New York: Vintage, 1974), 259.
10. 這本書是：Brian Tracy, *Time, Master Your Life: The Breakthrough System to Get More Results, Faster, in Every Area of Your Life* (New York: TarcherPerigee, 2016).
11. Mumford, *Technics and Civilization*, 14.
12. Bruce Tift, *Already Free* (Boulder: Sounds True, 2015), 152.
13. Friedrich Nietzsche, *Untimely Meditations* (Cambridge: Cambridge University Press, 1997), 158.
14. Richard Bach, *Illusions: The Adventures of a Reluctant Messiah* (New York: Delta, 1998), 48.
15. Morten Svenstrup, *Towards a New Time Culture*, trans. Peter Holm-Jensen (Copenhagen: Author, 2013), 8.
16. Anne Helen Petersen, "How Millennials Became the Burnout Generation," BuzzFeed, January 5, 2019, available at www.buzzfeednews.com/article/annehelenpetersen/millennials-burnout-generation-debt-work.
17. Charles Garfield Lott Du Cann, *Teach Yourself to Live* (London: Teach Yourself, 2017), loc. 107 of 2101, Kindle.

第2章 效率陷阱

1. 「時間貧窮」如何與經濟上的貧窮互動，可參見：Andrew S. Harvey and Arun K. Mukhopadhyay, “When Twenty-Four Hours Is Not Enough: Time Poverty of Working Parents,” *Social Indicators Research* 82 (2007): 57–77. 不過，收入較高者反而有更強烈的忙碌感受（與怨言），請見：Daniel Hammermesh, *Spending Time: The Most Valuable Resource* (New York: Oxford University Press, 2018).
2. Daniel Markovits, “How Life Became an Endless, Terrible Competition,” *The Atlantic*, September 2019, available at www.theatlantic.com/magazine/archive/2019/09/meritocracys-miserable-winners/594760/.
3. *How to Live on 24 Hours a Day* 一書所有的引用，取自 Project Gutenberg 未編頁的版本，請見：www.gutenberg.org/files/2274/2274-h/2274-h.htm.
4. Ruth Schwartz Cowan, “The Invention of Housework: The Early Stages of Industrialization,” in *More Work for Mother: The Ironies of Household Technology from the Open Hearth to the Microwave* (London: Free Association, 1989), 40–68.
5. C. Northcote Parkinson, “Parkinson’s Law,” *The Economist*, November 19, 1955, available at www.economist.com/news/1955/11/19/parkinsons-law.
6. Hartmut Rosa, *Social Acceleration: A New Theory of Modernity*, trans. Jonathan Trejo-Mathys (New York: Columbia University Press, 2015).
7. Jonathan Trejo-Mathys, “Translator’s Introduction,” in Rosa, *Social Acceleration*, xxi.
8. Jim Benson, personal communication.

9. Alexis Ohanian, *Without Their Permission: How the 21st Century Will Be Made, Not Managed* (New York: Business Plus, 2013), 159.
10. Tim Wu, "The Tyranny of Convenience," *New York Times*, February 18, 2018.
11. Sylvia Keesmaat, "Musings on an Inefficient Life," *Topology*, March 16, 2017, available at www.topologymagazine.org/essay/throwback/musings-on-an-inefficient-life/.
12. Keesmaat, "Musings on an Inefficient Life."

第3章　面對有限性

1. Martin Heidegger, *Being and Time*, trans. John Macquarrie and Edward Robinson (Oxford: Blackwell, 1962), 277 and passim.
2. Heidegger, *Being and Time*, 139.
3. Heidegger, *Being and Time*, 295.
4. 海德格引自：Richard Polt, *Heidegger: An Introduction* (Ithaca, NY: Cornell University Press, 1999), 1.
5. Sarah Bakewell, *At the Existentialist Café: Freedom, Being, and Apricot Cocktails* (New York: Other Press, 2016), 51.
6. Martin Hägglund, *This Life: Why Mortality Makes Us Free* (London: Profile, 2019), 5.
7. 引自：Hägglund, *This Life*, 4.
8. Marion Coutts, *The Iceberg: A Memoir* (New York: Black Cat, 2014), loc. 23 of 3796, Kindle.
9. Richard Rohr, *Falling Upward: A Spirituality for the Two Halves of Life* (San Francisco: Jossey-Bass, 2011), 117.

10. 取自紀伯特的詩作段落：“A Brief for the Defense,” published in *Collected Poems* (New York: Knopf, 2014), 213.

11. Bruce Ballard, review of “*Heidegger’s Moral Ontology* by James Reid,” *Review of Metaphysics* 73 (2020): 625–26.

12. Paul Sagar, “On Going On and On and On,” *Aeon*, September 3, 2018, available at aeon.co/essays/theres-a-big-problem-with-immortality-it-goes-on-and-on.

13. 本章所有大衛・凱恩的引用都取自：“Your Whole Life Is Borrowed Time,” *Raptitude*, August 13, 2018, available at www.raptitude.com/2018/08/your-whole-life-is-borrowed-time.

第 4 章　使出更好的拖字訣

1. Gregg Krech, *The Art of Taking Action: Lessons from Japanese Psychology* (Monkton, VT: ToDo Institute, 2014), 19.

2. Stephen R. Covey, *First Things First* (New York: Free Press, 1996), 88.

3. 潔西卡・阿貝爾的引用，取自：“How to Escape Panic Mode and Embrace Your Life-Expanding Projects,” available at jessicaabel.com/pay-yourself-first-life-expanding-projects/.

4. Jim Benson and Tonianne DeMaria Barry, *Personal Kanban: Mapping Work, Navigating Life* (Scotts Valley, CA: CreateSpace, 2011), 39.

5. 這則故事的謠傳出處，以及巴菲特本人表示不記得有這麼一回事，請見：Ruth Umoh, “The Surprising Lesson This 25-Year-Old Learned from Asking Warren Buffett an Embarrassing Question,” CNBC Make It, June 5, 2018, available at www.cnbc.com/2018/06/05/warren-buffetts-answer-to-this-

question-taught-alex-banayan-a-lesson.html.

6. 伊莉莎白．吉兒伯特表示，這句話來自「一名睿智的年長女性」。請見：Facebook post dated November 4, 2015, available at www.facebook.com/GilbertLiz/posts/how-many-times-in-your-life-have-you-needed-to-say-thisand-do-you-need-to-say-it/915704835178299/.

7. Costica Bradatan, "Why Do Anything? A Meditation on Procrastination," *New York Times*, September 18, 2016.

8. 除了原始信件的複製版本：*Letters to Felice*, ed. Erich Heller and Jürgen Born (New York: Schocken, 1973)，我描述的卡夫卡與菲莉絲之間的關係，引自：Eleanor Bass, "Kafka Was a Terrible Boyfriend," LitHub, February 14, 2018, available at lithub.com/kafka-was-a-terrible-boyfriend；以及：Rafia Zakaria, "Franz Kafka's Virtual Romance: A Love Affair by Letters as Unreal as Online Dating," *The Guardian* books blog, August 12, 2016, available at www.theguardian.com/books/booksblog/2016/aug/12/franz-kafkas-virtual-world-romance-felice-bauer.

9. Morris Dickstein, "A Record of Kafka's Henri Bergson, *Time and Free Will: An Essay on the Immediate Data of Consciousness*, trans. F. L. Pogson (Mineola, NY: Dover, 2001), 9.

10. Henri Bergson, *Time and Free Will: An Essay on the Immediate Data of Consciousness*, trans. F. L. Pogson (Mineola, NY: Dover, 2001), 9.

11. Bergson, *Time and Free Will*, 10.

12. Robert E. Goodin, *On Settling* (Princeton, NJ: Princeton University Press, 2012), 65.

13. Daniel Gilbert and Jane Ebert, "Decisions and Revisions: The Affective Forecasting of Changeable Outcomes," *Journal of Personality and Social Psychology* 82 (2002): 503–14.

第5章　西瓜問題

1. Chelsea Marshall, James Harness, and Edd Souaid, "This Is What Happens When Two BuzzFeed Employees Explode a Watermelon," BuzzFeed, April 8, 2016, available at www.buzzfeed.com/chelseamarshall/watermelon-explosion.
2. "In Online First, 'Exploding Watermelon' Takes the Cake," Phys.org, April 8, 2016, available at phys.org/news/2016–04-online-watermelon-cake.html.
3. Tasneem Nashrulla, "We Blew Up a Watermelon and Everyone Lost Their Freaking Minds," BuzzFeed, April 8, 2016, available at www.buzzfeednews.com/article/tasneemnashrulla/we-blew-up-a-watermelon-and-everyone-lost-their-freaking-min.
4. 引自：Jane Porter, "You're More Biased Than You Think," *Fast Company*, October 6, 2014, available at www.fastcompany.com/3036627/youre-more-biased-than-you-think.
5. Seneca, "De Brevitate Vitae," in *Moral Essays*, vol. 2, trans. John W. Basore (Cambridge, MA: Loeb Classical Library, 1932), 327.
6. Viktor Frankl, *Man's Search for Meaning* (Boston: Beacon, 2006).
7. Mary Oliver, *Upstream: Selected Essays* (New York: Penguin, 2016), loc. 166 of 1669, Kindle.
8. 引自："Full Q&A: *Zucked* Author Roger McNamee on *Recode Decode*," *Vox*, February 11, 2019, available at www.vox.com/podcasts/2019/2/11/18220779/zucked-book-roger-mcnamee-decode-kara-swisher-podcast-mark-zuckerberg-facebook-fb-sheryl-sandberg.
9. 引自：James Williams, *Stand Out of Our Light* (Cambridge: Cambridge University Press, 2018), xii.
10. T. S. Eliot, "Burnt Norton," in *Four Quartets* (Boston: Mariner, 1968), 5.

11. 例如請參見：Bianca Bosker, "The Binge Breaker," *The Atlantic*, November 2016, available at www.theatlantic.com/magazine/archive/2016/11/the-binge-breaker/501122/.

第6章　敵人就在本能寺

1. 我提到的史蒂夫・楊／楊增善的故事，以及所有引用他的部分，取自我與他的訪談，以及：Shinzen Young, *The Science of Enlightenment: How Meditation Works* (Boulder: Sounds True, 2016).
2. Mary Oliver, *Upstream: Selected Essays*, loc. 305 of 1669, Kindle.
3. Mary Oliver, *Upstream: Selected Essays*, loc. 302 of 1669, Kindle.
4. Krech, *The Art of Taking Action*, 71.
5. Tift, *Already Free,* 152.
6. James Duesterberg, "Killing Time," *The Point Magazine*, March 29, 2020, available at thepointmag.com/politics/killing-time/.
7. 例如可參見：John Tarrant, "You Don't Have to Know," *Lion's Roar*, March 7, 2013, available at www.lionsroar.com/you-dont-have-to-know-tales-of-trauma-and-transformation-march-2013/.

第7章　我們不曾真正擁有時間

1. Douglas Hofstadter, *Gödel, Escher, Bach: An Eternal Golden Braid* (New York: Basic Books, 1999), 152.
2. *The Onion*, September 22, 2012, available at www.theonion.com/dad-suggests-arriving-at-airport-14-hours-early-1819573933.

3. David Cain, "You Never Have Time, Only Intentions," *Raptitude*, May 23, 2017, available at www.raptitude.com/2017/05/you-never-have-time-only-intentions.

4. Blaise Pascal, *Pensées*, trans. W. F. Trotter (Mineola, NY: Dover, 2018), 49.

5. Simone de Beauvoir, *All Said and Done*, trans. Patrick O'Brian (New York: Putnam, 1974), 1.

6. Stephen Mitchell, *Tao Te Ching: A New English Version* (New York: Harper Perennial Modern Classics, 2006), 92.

7. 引自：Shaila Catherine, "Planning and the Busy Mind"。談話紀錄請見：www.imsb.org/teachings/written-teachings-articles-and-interviews/planning-and-the-busy-mind-2.

8. Matthew 6:34, *The Bible: King James Version* (London: Penguin Classics, 2006), 1555.

9. 引自：Bhava Ram, *Deep Yoga: Ancient Wisdom for Modern Times* (Coronado, CA: Deep Yoga, 2013), 76.

10. 引自：Catherine, "Planning and the Busy Mind."

第8章　你在這裡

1. Steve Taylor, *Back to Sanity* (London: Hay House, 2012), 61.

2. Tara Brach, personal communication.

3. Alan Watts, "From Time to Eternity," in *Eastern Wisdom, Modern Life: Collected Talks 1960–1969* (Novato, CA: New World Library, 2006), 109–10.

4. Robert A. LeVine and Sarah LeVine, *Do Parents Matter? Why Japanese Babies Sleep Soundly, Mexican Siblings Don't Fight, and American Families Should Just Relax* (New York: PublicAffairs, 2016), x.

5. Adam Gopnik, "The Parenting Paradox," *New Yorker*, January 29, 2018.
6. Tom Stoppard, *The Coast of Utopia* (New York: Grove Press, 2007), 223.
7. Sam Harris, "The Last Time," a talk in the Waking Up app, available at www.wakingup.com.
8. 例如請參見：Happy Planet Index, at happyplanetindex.org; and John Helliwell, Richard Layard, and Jeffrey Sachs, eds., *World Happiness Report 2013* (New York: UN Sustainable Development Solutions Network, 2013).
9. M. Cathleen Kaveny, "Billable Hours and Ordinary Time: A Theological Critique of the Instrumentalization of Time in Professional Life," *Loyola University of Chicago Law Journal* 33 (2001): 173–220.
10. John Maynard Keynes, "Economic Possibilities for Our Grandchildren" (1930), downloaded from www.econ.yale.edu/smith/econ116a/keynes1.pdf.
11. Robert M. Pirsig, *Zen and the Art of Motorcycle Maintenance* (New York: William Morrow, 1974), 341.
12. Thich Nhat Hanh, *The Miracle of Mindfulness*, trans. Mobi Ho (Boston: Beacon, 1999), 3.
13. George Loewenstein et al., "Does Increased Sexual Frequency Enhance Happiness?," *Journal of Economic Behavior and Organization* (2015): 206–18.
14. Jay Jennifer Matthews, *Radically Condensed Instructions for Being Just as You Are* (Scotts Valley, CA: CreateSpace, 2011), 27, emphasis added.

第9章　重新找回休息

1. Tony Schwartz, "Relax! You'll Be More Productive," *New York Times*, February 10, 2013.
2. 柯爾引自：Staffan Linder, *The Harried Leisure Class* (New York: Columbia University Press, 1970), 4.

3. 例如請參見：J. H. Ausuble and A. Gruebler, "Working Less and Living Longer: Long-Term Trends in Working Time and Time Budgets," *Technological Forecasting and Social Change* 50 (1995): 113–31.

4. 丹尼爾・哈默梅（Daniel Hamermesh）的研究，請見：Allana Akhtar, "Wealthy Americans Don't Have Enough Time in the Day to Spend Their Money, and It's Stressing Them Out," *Business Insider*, June 26, 2019, available at markets.businessinsider.com/news/stocks/how-the-desire-for-status-symbols-leads-to-stress-2019-6-1028309783.

5. Juliet Shor, *The Over-worked American* (New York: Basic Books, 1992), 47.

6. 引自：Shor, *The Overworked American*, 43.

7. Livia Gershon, "Clocking Out," *Longreads*, July 2018, available at longreads.com/2018/07/11/clocking-out/.

8. Paul Lafargue, *The Right To Be Lazy* (1883), available at www.marxists.org/archive/lafargue/1883/lazy/.

9. Simone de Beauvoir, *The Ethics of Ambiguity* (New York: Open Road, 2015), 146.

10. 斯蒂爾所有的引用取自：Samantha Leach, "How the Hell Has Danielle Steel Managed to Write 179 Books?," *Glamour*, May 9, 2019, available at www.glamour.com/story/danielle-steel-books-interview.

11. C. K. Hsee et al., "Idleness Aversion and the Need for Justifiable Busyness," *Psychological Science* 21 (2010): 926–30.

12. Max Weber, *The Protestant Ethic and the Spirit of Capitalism and Other Writings* (London: Penguin Classics, 2002).

13. 此處要感謝：David Zahl, *Seculosity: How Career, Parenting, Technology, Food, Politics, and Ro-*

mance Became Our New Religion and What to Do About It* (Minneapolis: Fortress Press, 2019), 106–107.

14. Thomas Wolfe, *Look Homeward, Angel* (New York: Simon & Schuster, 1995), xv.
15. Judith Shulevitz, "Bring Back the Sabbath," *New York Times*, March 2, 2003.
16. Walter Brueggemann, *Sabbath as Resistance: Saying No to the Culture of Now* (Louisville, KY: Westminster John Knox Press, 2014), xiv.
17. John Gray, *Straw Dogs: Thoughts on Humans and Other Animals* (New York: Farrar, Straus and Giroux, 2002), 195.
18. Gray, *Straw Dogs*, 196.
19. Kieran Setiya, *Midlife: A Philosophical Guide* (Princeton, NJ: Princeton University Press, 2017), 134.
20. 引自：Setiya, *Midlife*, 131.
21. Steve Flint and Craig Tiley, "In My Heart, and in My Soul: Sir Rod Stewart on His Lifelong Love of Model Railways," *Railway Modeler*, December 2019.
22. Karen Rinaldi, "(It's Great to) Suck at Something," *New York Times*, April 28, 2017.

第10章　不耐煩引發的連鎖反應

1. S. Farzad Ahmadi et al., "Latent Heat of Traffic Moving from Rest," *New Journal of Physics* 19 (2017), available at iopscience.iop.org/article/10.1088/1367–2630/aa95f0.
2. 參見：Kit Eaton, "How One Second Could Cost Amazon $1.6 Billion in Sales," *Fast Company*, March 15, 2012, available at www.fastcompany.com/1825005/how-one-second-could-cost-amazon-16-billion-

sales.

3. Hugh McGuire, "Why Can't We Read Anymore?," *Medium*, April 22, 2015, available at medium.com/@hughmcguire/why-can-t-we-read-anymore-503c38c131fe.
4. Tim Parks, "Reading: The Struggle," *New York Review of Books*, *NYR Daily* blog, June 10, 2014, available at www.nybooks.com/daily/2014/06/10/reading-struggle/.
5. 布朗所有的引用，取自我與她的對談，以及：Stephanie Brown, *Speed: Facing Our Addiction to Fast and Faster—and Overcoming Our Fear of Slowing Down* (New York: Berkley, 2014).
6. James Gleick, *Faster: The Acceleration of Just About Everything* (New York: Pantheon, 1999), 12.
7. 戒酒無名會的十二步驟，請見：www.alcohol.org/alcoholics-anonymous.

第11章　搭上巴士就別輕易下車

1. 羅伯茲的引用全數引自我與她的訪談，以及：Jennifer Roberts, "The Power of Patience," *Harvard Magazine*, November–December 2013, available at https://harvardmagazine.com/2013/11/the-power-of-patience.
2. Robert Grudin, *Time and the Art of Living* (Cambridge: Harper and Row, 1982), 125.
3. 所有關於派克的引用，請見："Problem-Solving and Time," in *The Road Less Traveled: A New Psychology of Love, Traditional Values and Spiritual Growth* (London: Arrow Books, 2006), 15–20.
4. Robert Boice, *How Writers Journey to Comfort and Fluency: A Psychological Adventure* (Westport, CT: Praeger, 1994), 33.
5. 明基寧在二〇〇四年的新英格蘭攝影學院（New England School of Photography）畢業典禮演講

("Finding Your Own Vision")上，概述這個理論。講稿請見：jamesclear.com/great-speeches/finding-your-own-vision-by-arno-rafael-minkkinen.

第12章　數位游牧者的寂寞

1. 薩爾塞多的引用全部取自：Lance Oppenheim, "The Happiest Guy in the World," *New York Times*, May 1, 2018, available at www.nytimes.com/2018/05/01/opinion/cruise-caribbean-retirement.html.
2. Scott Adams, *How to Fail at Almost Everything and Still Win Big: Kind of the Story of My Life* (New York: Portfolio, 2013), 173.
3. Mark Manson, "The Dark Side of the Digital Nomad," available at markmanson.net/digital-nomad.
4. Terry Hartig et al., "Vacation, Collective Restoration, and Mental Health in a Population," *Society and Mental Health* 3 (2013): 221–36.
5. Cristobal Young and Chaeyoon Lim, "Time as a Network Good: Evidence from Unemployment and the Standard Workweek," *Sociological Science* 1 (2014): 10–27.
6. Clive Foss, "Stalin's Topsy-Turvy Work Week," *History Today*, September 2004. 此處也引用了：Judith Shulevitz, "Why You Never See Your Friends Anymore," *The Atlantic*, November 2019.
7. E. G. Richards, *Mapping Time: The Calendar and Its History* (Oxford: Oxford University Press, 2000), 278.
8. 引自：Shulevitz, "Why You Never See Your Friends Anymore."
9. William H. McNeill, *Keeping Together in Time: Dance and Drill in Human History* (Cambridge, MA [CMS 14.130]: Harvard University Press, 1995), 2.

10. 請見：Jay Schulkin and Greta Raglan, "The Evolution of Music and Human Social Capability," *Frontiers in Neuroscience* 8 (2014): 292.

11. Manuel Varlet and Michael J. Richardson, "What Would Be Usain Bolt's 100-Meter Sprint World Record Without Tyson Gay? Unintentional Interpersonal Synchronization Between the Two Sprinters," *Journal of Experimental Psychology: Human Perception and Performance* 41 (2015): 36–41.

12. Betty Bailey and Jane Davidson, "Effects of Group Singing and Performance for Marginalized and Middle-Class Singers," *Psychology of Music* 33 (2005): 269–303.

13. Stacy Horn, "Ode to Joy," *Slate*, July 25, 2013, available at slate.com/human-interest/2013/07/singing-in-a-choir-research-shows-it-increases-happiness.html.

14. Hannah Arendt, *The Origins of Totalitarianism* (New York: Harvest, 1973), 323.

第13章　滄海一粟療法

1. In James Hollis, *Finding Meaning in the Second Half of Life: How to Finally, Really Grow Up* (New York: Gotham, 2005), 2.

2. Ecclesiastes 2:11, *The Bible: English Standard Version* (Wheaton, IL: Crossway, 2005), 471.

3. 甘布托所有的引用取自："Prepare for the Ultimate Gaslighting," *Medium,* April 10, 2020, available at forge.medium.com/prepare-for-the-ultimate-gaslighting-6a8ce3f0a0e0.

4. Bryan Magee, *Ultimate Questions* (Princeton, NJ: Princeton University Press, 2016), 1–2.

5. Magee, *Ultimate Questions*, 2.

6. Richard Holloway, *Looking in the Distance* (Edinburgh: Canongate, 2005), 13.

7. Johnny Truant, *The Universe Doesn't Give a Flying Fuck About You.* Self-published, Amazon Digital Services, 2014. Kindle.
8. Iddo Landau, *Finding Meaning in an Imperfect World* (New York: Oxford University Press, 2017), 31.
9. Landau, *Finding Meaning in an Imperfect World*, 39.
10. Landau, *Finding Meaning in an Imperfect World*, 39.

第14章　人類病

1. Jorge Luis Borges, "A New Refutation of Time," in *Labyrinths* (New York: New Directions, 2007), 234.
2. Marie-Louise von Franz, *The Problem of the Puer Aeternus* (Toronto: Inner City), 8.
3. 引自‥Joan Tollifson, *Death: The End of Self-Improvement* (Salisbury, UK: New Sarum Press, 2019), 60.
4. 博班的部分引自‥Christophe André, *Looking at Mindfulness: Twenty-Five Paintings to Change the Way You Live* (New York: Blue Rider, 2011), 256.
5. Rainer Maria Rilke, *Letters to a Young Poet* (New York: W. W. Norton, 2004), 27.
6. James Hollis, *What Matters Most* (New York: Gotham, 2009), 13.
7. Landau, *Finding Meaning in an Imperfect World*, 40–41.
8. Stephen Cope, *The Great Work of Your Life: A Guide for the Journey to Your True Calling* (New York: Bantam, 2015), 37.
9. Susan Piver, "Getting Stuff Done by Not Being Mean to Yourself," August 20, 2010, available at openheartproject.com/getting-stuff-done-by-not-being-mean-to-yourself.

10. David Licata, *A Life's Work* (2019), at alifesworkmovie.com.
11. Carl Jung, *Letters*, vol. 1, *1906–1950* (Oxford: Routledge, 2015), 132.

後記　不要抱持希望

1. 所有的引用取自：Derrick Jensen come from "Beyond Hope," *Orion*, https://orionmagazine.org/article/beyond-hope/.
2. Pema Chödrön, *When Things Fall Apart* (Boulder: Shambhala, 2016), 38.
3. Nellie Bowles, "Fleeing Babylon for a Wild Life," *New York Times*, March 5, 2020.
4. Chödrön, *When Things Fall Apart*, 40.
5. George Orwell, "Some Thoughts on the Common Toad," first published in *Tribune*, April 12, 1946, available at www.orwellfoundation.com/the-orwell-foundation/orwell/essays-and-other-works/some-thoughts-on-the-common-toad/.

附錄　坦然接受「生也有涯」的十種工具

1. Cal Newport, "Fixed-Schedule Productivity: How I Accomplish a Large Amount of Work in a Small Number of Work Hours," available at www.calnewport.com/blog/2008/02/15/fixed-schedule-productivity-how-i-accomplish-a-large-amount-of-work-in-a-small-number-of-work-hours/，進一步的討論請見：Cal Newport, *Deep Work* (New York: Grand Central, 2016).
2. *Give Yourself the Gift of Done* (New York: Portfolio, 2017), 36.
3. 請見：Teresa Amabile and Steven Kramer, *The Progress Principle: Using Small Wins to Ignite Joy,*

Engagement, and Creativity at Work (Brighton, MA: Harvard Business Review Press, 2011).

4. Nellie Bowles, "Is the Answer to Phone Addiction a Worse Phone?," *New York Times*, January 12, 2018.
5. William James, *The Principles of Psychology*, vol. 1 (New York: Dover, 1950), 625.
6. Young, *The Science of Enlightenment*, 31.
7. Tom Hobson in conversation with Janet Lansbury, "Stop Worrying About Your Preschooler's Education," available at www.janetlansbury.com/2020/05/stop-worrying-about-your-preschoolers-education.
8. Susan Jeffers, *Embracing Uncertainty: Breakthrough Methods for Achieving Peace of Mind When Facing the Unknown* (New York: St. Martin's Press, 2003).
9. Pascal, *Pensées*, 49.
10. Jenny Odell, *How to Do Nothing* (New York: Melville House, 2019), ix.

謝辭

本書花了該花的時間，我萬分感激每一位讓這本書慢工出細活的人士。他們一路上在各方面帶來寶貴的貢獻。此外，我要藉這個機會原諒所有打趣我的朋友。他們指出，沒想到一本談時間有限的書，居然占用我那麼多時間（這個笑話講頭一、兩遍的時候是有點意思，但講了一萬遍之後……）。

要是沒有傑出的經紀人蒂娜．貝內特（Tina Bennett），這本書還會在原地踏步。我要感謝她提供專業的引導，也感謝她堅定不移支持本書的寫作計畫。此外，她提供了不少隱含在書中的洞見。另外，我非常幸運能與WME公司的崔西．費雪（Tracy Fisher）合作，以及她在倫敦的同事瑪蒂達．富比世．華生（Matilda Forbes Watson）。我要感謝FSG出版社的眾多人士，在此特別感謝我的編輯艾瑞克．金斯基（Eric Chinski），他（展現無比的耐心）讓文字大幅增色，促使我以更清楚的方式表達想法；感謝茱莉亞．林哥（Julia Ringo）以專業的手法處理後期的複雜編務。此外，我要大力感謝布萊恩．

吉蒂斯（Brian Gittis）與他宣傳部門的同事，以及朱蒂・奇維亞特（Judy Kiviat）、莫琳・克萊爾（Maureen Klier）、克莉絲汀・派克（Christine Paik）。The Bodley Head 出版社的史都華・威廉斯（Stuart Williams）提供的編輯建議功不可沒。在新冠肺炎疫情期間，學校與辦公室關閉，大家還投注這麼多的時間與心血，我萬分感激。

我先是在其他地方探索本書提到的眾多主題，有幸與才華洋溢的人士合作，包括梅麗莎・迪尼斯（Melissa Denes）、保羅・賴提（Paul Laity）、蘿絲・路威（Ruth Lewy）、強納森・塞寧（Jonathan Shainin）；《衛報》（*The Guardian*）的大衛・沃夫（David Wolf）；《新哲人》（*New Philosopher*）的詹・伯格（Zan Boag）；以及BBC的彼得・麥馬那（Peter McManus）。我與萊拉・塞西（Lila Cecil）、喬・克洛普（Jon Krop）、羅賓・帕密特（Robin Parmiter）、瑞秋・夏曼（Rachel Sherman）的對談，是本書概念得以成形的關鍵。在我的研究期間，以下人士慷慨分享他們的智慧：潔西卡・阿貝爾（Jessica Abel）、吉姆・班森（Jim Benson）、史蒂芬妮・布朗（Stephanie Brown）、卡爾・賽德史托姆（Carl Cederström）、詹姆斯・霍利斯（James Hollis）、德瑞克・簡森（Derrick Jensen）、已故的羅伯特・列維（Robert Levine）、喬夫・賴伊（Geoff Lye）、安蒂娜・馮・史尼茲勒（Antina von Schnitzler）、瑪麗亞・馬汀農・托瑞斯（María Martinón Torres）、珍妮佛．羅伯茲（Jennifer Roberts）、麥克．塔夫特（Michael Taft）、貝琪．萊格．塞克斯（Becky Wragg Sykes）、楊真善（Shinzen Young）。艾希莉．杜妥（Ashley Tuttle）在關鍵時刻提供理想的工作地點。此外，我很幸運能再次在「布魯克林創意聯盟」（Brooklyn Creative League），寫成本書剩餘的大部分章節。尼爾．卡森（Neil Carlson）與艾琳．卡內（Erin Carney）打造了溫暖的支持社群。此外，我非常感謝肯尼斯．佛克（Kenneth Folk）與麥克森．麥道威（Maxson McDowell）提供友誼與對話。

我在本書的寫作過程跨越了一個時間門檻，與艾瑪．布洛克斯（Emma Brockes）成為莫逆之交，我感覺好像認識她一輩子了。我感謝我們的友誼，也慶幸兩人的孩子如今成為朋友。我和布洛克斯之間的對話，包括她在我觀念上想不開的時候勸我的一些事，我也寫進了本書。我深深感謝我的父母史蒂芬．柏克曼（Steven Burkeman）與珍．吉本斯（Jane Gibbins）；我在約克（York）的朋友；我的姊姊漢娜（Hannah），此外也感謝奧頓（Alton）、蕾拉（Layla）、伊森（Ethan）；傑洛米（Jeremy）、茱莉亞（Julia）、瑪莉（Mari）；茱．卓別林（June Chaplin）；以及克勞福－孟坦頓（Crawford-Montandon）一家人。

我無法以寥寥數語道出海瑟．卓別林（Heather Chaplin）在我人生中扮演的角色，但這裡要萬分感謝她帶來的愛、伴侶關係、幽默與正直，以及她替本書做出的無數犧牲。我剛開始寫這本書，我們的兒子羅恩（Rowan）就出世了。這樣說吧，我無法說羅恩的到來加速了本書的完成時間，但我因為認識這個小寶貝，人生出現很大的轉變，本書絕對納進了那些變化。我要對你們母子獻上無盡的愛。

我在第七章提過，我親愛的祖母艾瑞卡．柏克曼（Erica Burkeman）在童年時期逃離納粹德國。她在二〇一九年過世，享耆壽九十六歲。我不知道祖母還在世的話，會不會讀這本書，但她絕對會敲鑼打鼓告訴她見到的每個人，這本書是我寫的。

國家圖書館出版品預行編目資料

人生4千個禮拜：時間不是用來掌控的，直面「生命的有限」，打造游刃有餘的時間運用觀／奧利佛.柏克曼（Oliver Burkeman）著；許恬寧譯. -- 初版. -- 臺北市：大塊文化出版股份有限公司，2022.02
276面；14.8×20公分. --（smile ; 178）
譯自 : Four thousand weeks : time management for mortals.
ISBN 978-986-0777-85-7（平裝）

1. CST：人生哲學　2. CST：時間管理

191.9　　110021824

LOCUS

L O C U S

L O C U S

LOCUS